秘サお
でさ
い

JN093174

Sommaire

日次

ねりねりバターで作るサブレ

Sablés nature
サブレ・ナチュール
p.9

Sablés nantais
サブレ・ナンテ
p.12

Palets bretons
パレ・ブルトン
p.14

Sablés très citron
レモンのサブレ
（サブレ・トレ・シトロン）
p.16

Sablés au citron
レモンアイシングのサブレ
（サブレ・オ・シトロン）
p.18

Spitzbuben
ジャムサンドサブレ
（シュピッツブーベン）
p.20

Sablés au praliné
プラリネのサブレ
（サブレ・オ・プラリネ）
p.22

Boules de neige
ブール・ド・ネージュ
p.24

Vanillekipfel
バニラキッフェル
p.26

Nuss
くるみのサブレ（ヌス）
p.28

Pretzel
プレッツェル
p.30

Short bread
ショートブレッド
p.32

Sablés chocolat amandes
サブレ・ショコラ・アマンド
p.34

Florentins
フロランタン
p.36

Broyé du Poitou
ブロワイエ・デュ・ポワトゥー
p.38

Sablés diamant
サブレ・ディアマン
p.40

Sablés viennois
サブレ・ヴィエノワ
p.42

Palets de dames
レーズンサブレ
（パレ・ド・ダム）
p.44

Gipfeli
ギップフェリー
p.46

Nero
ネロ
p.48

Langues de chat
ラング・ド・シャ
p.50

さらさらバターで作るサブレ

Sablés bretons
サブレ・ブルトン
p.53

Sablés de Noël
クリスマスのサブレ
（サブレ・ド・ノエル）
p.56

Sablés linzer
サブレ・リンツァー
p.58

Romias
ロミアス
p.60

Sablés au chocolat et caramel salé
チョコレートと
塩キャラメルのサブレ
（サブレ・オ・ショコラ・エ・キャラメル・サレ）
p.62

Bâtonnets de fromage
チーズスティックサブレ
（バトネ・ド・フロマージュ）
p.64

とろとろバターで作るサブレ

Sablés au sarrasin
そば粉のサブレ
（サブレ・オ・サラザン）
p.67

Sablés au kokutou et gingembre
黒糖としょうがのサブレ
（サブレ・オ・コクトウ・エ・ジャンジャンブル）
p.70

Sablés aux épices aux raisins et noix
くるみとレーズンの
スパイスサブレ
（サブレ・オ・ゼピス・オ・レザン・エ・ノワ）
p.72

Tuiles aux amandes
アーモンドのチュイール
（チュイール・オ・ザマンド）
p.74

＊「B.P.」はベーキングパウダーのことです。

＊「塩」とあるのはすべてゲランドの顆粒塩です。

＊バターはすべて食塩不使用のものを使っています。

＊オーブンは電気オーブンを使用しています。焼成の
　時間と温度は機種によって多少異なるので、焼き色
　を見て調整してください。

＊型で抜いたサブレのでき上がり個数は、最初に生地
　を抜いたものと残った生地を再びのばして抜いたも
　のを合わせた数です。

おいしい秘密は
バターにあり！

「サブレ」とはビスケット（またはクッキー）の一種で、
材料の主役はバターと言っていいほど、バターの配合量が多い焼き菓子です。

バターは、生乳（牛乳など）からクリームと水分を分離し、
そのクリームを撹拌して脂肪分を集めて練り上げたもの。
有塩バターと食塩不使用のバターがありますが、
一般的なお菓子作りに使われるのは、食塩不使用のバターです。
さらに乳酸菌で発酵させたクリームを原料にしたものが発酵バター。
普通のバターより酸味のある香り、コク、うまみが強いのが特徴で、
ヨーロッパではこのバターが主流です。
本書のサブレもすべて発酵バターを使っています。
もちろん普通の食塩不使用のバターを使っても大丈夫です。

バターは温度が上がるにつれて固形から液体に状態が変わってきます。
本書では、練った「ねりねりバター」、粉をまぶした「さらさらバター」、
とかした「とろとろバター」を使って食感や風味に変化をつけます。

おいしさの決め手はバターだけではありません。
砂糖や塩、小麦粉などの合わせる素材も大切な脇役です。
各レシピの配合は、それぞれのサブレに最適の材料と分量が明記されています。
サブレの食感や口どけ、風味、うまみ、コクなどのおいしさの秘密は、
主役と脇役のバランスのよさにあります。
だからこそ、分量は細かい数値になっています。
きちんと計量すれば、必ずおいしいサブレができるのでチャレンジしてください。

バターの状態で楽しむ3つの食感！

ねりねりバター
＝サクサクッ

ポマード状に練ったバター。バターを練ることで、ほどよく空気が入り、サクッとした軽い食感になる。食感の醍醐味だけでなく練るだけという手軽さもあって、サブレではこのバターが最も多く使われる。

さらさらバター
＝サクッホロッ

最初にバターと粉を手ですり混ぜてさらさらな状態にする。こうすることで、その後加える水分と粉の結合が弱くなってグルテンが形成されにくいため、生地がもろくなり、サクッだけでなく、ホロッとした食感が生まれる。

とろとろバター
＝サクッガリッ

40℃にとかしたバター。バターをとかすことで、バター内の空気が抜ける。さらに液体になっているので、粉と混ぜたときに粉のすみずみにまで行き渡り、サクッに加えてガリッとした食感が生まれる。

4つの形、それぞれのポイント

食感だけでなく、4つの方法でいろいろな形を楽しむことができます。
生地に合わせて形をいろいろ変えて楽しみましょう。

型で抜く

生地をのばしてから型で抜く。きれいに抜くためには、生地をしっかり冷やすことが大切。型で抜いたあとに残った生地は、重ねてひとまとめにし、最初の生地と同様にラップでサンドしてめん棒でのばす。その後冷凍庫で20〜30分冷やしてから型で抜く。

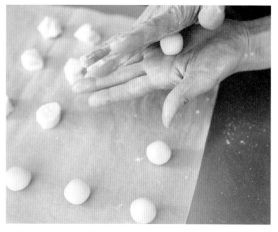

手やスプーンで形作る

手で丸めたり、おさえたりして形作る。丸めるときはおだんごを作る要領で。手のぬくもりでバターがとけて扱いづらくなることがあるので、手早く作業をする。スプーンは小さめのティースプーンを使い、大きさをそろえて天板にのせる。

ナイフでカット

ショートブレッド（p.32）やチーズスティックサブレ（p.64）のようにスティック状にカットするときは、包丁を使うときれいにカットできる。ブロワイエ・デュ・ポワトゥー（p.38）のようにボウルの縁をなぞってカットするときは小さいナイフでOK。

絞り出す

口金をつけた絞り出し袋に生地を入れて絞り出す。口金の種類によって絞り出した形が変わってくるのが楽しい。ヴィエノワ（p.42）やギップフェリー（p.46）などのように切れ目の入った星口金を使うと、くっきりと模様がつくので華やかなサブレができる。

はじめに

私がサブレのおいしさを知ったのは、小学生のころでした。母と時折買いにいっていた当日焼いたサブレの量り売りをしているお店。そこで買ったサブレはバターのフレッシュな香りと小麦粉の香ばしい風味が感動的で、口いっぱいにほおばった記憶があります。

大人になって、初めて修業先のお菓子屋で出会ったサブレも忘れられません。そのお店ではアイスボックスタイプのサブレを量り売りにしていました。焼いた当日に売り切るので、余るとスタッフのおやつとしていただくのですが、ミルキーなバターの風味が心地よく、サクサクと軽い食感。「こんなにバターのおいしさを感じる焼き菓子があるんだ!」と感激したものです。

その後、お菓子の仕事を続けるうちにフランスをはじめとするヨーロッパの菓子文化に興味を持ちはじめ、その土地に昔から伝わるサブレや、クリスマスなどのシーズンに食べられるサブレなど、さまざまな種類の存在を知りました。
「自分でも作ってみたい!」とたくさんのサブレを焼いて気がついたのは、サブレには必ずバターを使い、バターの扱い方がとても重要だということです。サブレの食感を決める要因は配合や素材も大きく影響しますが、実はバターの状態が大きくかかわることがわかりました。

一般的にはサブレはサクサクという食感で表現されますが、バターの状態によってはホロッとしたりザクッとした食感にもなるのです。その食感の違いを楽しんでもらおうと、この本ではバターの状態別にレシピを整理しています。

ほとんどのレシピが私が何年も繰り返して焼いてきたものです。フランス菓子をベースに、焼き菓子が充実しているドイツ菓子やウィーン菓子などもいくつか取り入れています。素朴でひと口食べるとほっとする味、また食べたいと思えるベーシックな味を目指して作りました。

この本をきっかけに、サブレの魅力である"バターの風味のよさ"、そしてバターの状態を使い分けることで生み出される"さまざまな食感"を楽しんでいただけるとうれしいです。

下園昌江

ねりねりバターで作るサブレ

バターをポマード状に練って使います。
その際、合わせる材料や成形のしかたによって
かためとやわらかめに使い分けるので注意しましょう。
練ることでほどよく空気が入り、素材が均一に混ざるため
サクサクッとした食感と口どけのいいサブレができます。
ただ練るだけですが、
この工程はていねいに行なってください。
サブレの多くがねりねりバターを使ったものなので、
種類が豊富です。
形の違いも存分に楽しめます。

Sablés nature

サブレ・ナチュール

基本となるプレーンな型抜きサブレです。
バター、アーモンド、小麦粉それぞれの香りをストレートに感じられ、飽きのこない味わい。
好みの型でいろんな表情のサブレにできるのが魅力。
きれいに抜くためには生地をしっかり冷やすことが大切です。

Sablés nature
サブレ・ナチュール

材料　約29枚分

バター …… 60g

A [粉糖 …… 45g
　　塩 …… 0.4g]

アーモンドパウダー …… 12g

とき卵 …… 15g

薄力粉 …… 110g

準備

・バターととき卵は常温に戻す。

・Aは合わせる。

・薄力粉はふるう。

・天板にオーブンシートを敷く。

・オーブンは170℃に予熱する（焼成時）。

【ここで使った型】
直径4.5cmの菊型

作り方のポイント

・「バターを常温に戻す」というのは、指で軽く押さえるとへこむくらい。「かためのポマード状」は指で押すと軽く抵抗がある状態。「やわらかめのポマード状」は指がスッと入るくらい。

・型で抜いて残った生地は重ねてひとまとめにし、最初の生地と同様にラップでサンドしてめん棒でのばす。その後冷凍庫で20～30分冷やしてから型で抜く。

・作業の途中でバターがとけて生地がべたつき、作業がしにくくなった場合は、冷蔵庫で冷やしてから作業を続ける。

・作業の途中で木べらに生地がくっついて作業がしにくいときは、カードではがしながら行なう。

・焼成時2回に分けて焼く場合、2回目に焼く生地はオーブンシートに並べ、ラップをふんわりかけて冷蔵庫に入れておく。

生地を厚くして風味の違いを楽しんで！

作り方11で生地を3mm厚さにのばしましたが、5mm厚さにのばすと厚みが増した分、火の入り方が変わります。3mm厚さの場合は全体に火が入って香ばしく焼き上がりますが、5mm厚さの場合は表面は香ばしいのですが、中央部分に火が入りきらないため、香ばしさよりも粉のうまみを感じます。生地を2つに分けて厚みを変え、風味の違いを楽しみましょう。ただし、5mm厚さの焼き時間は19～21分にしてください。

作り方

1　ボウルにバターを入れ、かための ポマード状になるまで木べらで練り混ぜる。

2　Aを2回に分けて加え、その都度最初は木べらでゆっくりと混ぜ、粉糖がなじんだら横長の楕円を描くようにして混ぜる。

3　アーモンドパウダーを加え、横長の楕円を描くようにして混ぜる。

4 とき卵を2回に分けて加え、その都度3と同様にして混ぜる。

5 粉も2回に分けて加え、その都度下から上に返しながら切るようにして混ぜる。8割方混ざればOK。

6 最後はカードにかえて、生地を下から上に返して押しつけながら粉が見えなくなるまでしっかり混ぜる。

7 カードで2cm厚さくらいの正方形にまとめ、ラップに包んで、冷蔵庫で3時間〜一晩ねかす。

＊ 時間があれば ･一晩ねかす。素材どうしがよくなじむ。

8 〈成形・焼成〉冷蔵庫から出し、周囲1cmくらいをあけてラップをふんわりと包み直す。

＊ ラップが密着していると、めん棒でたたいたときに破れるため。

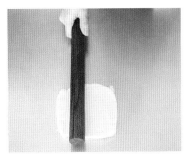

9 生地をやわらかくするために、ラップの上からめん棒でたたく。その後めん棒を転がして1cm厚さくらいにのばし、ラップごとひっくり返して同様にのばす。

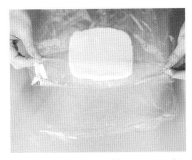

10 ラップを開いて新しいラップをのせ、生地をサンドする。

保存

密閉容器に入れて常温で約1週間保存可能（乾燥剤を入れる）。

11 生地の両側に3mm厚さのルーラーを置いて、めん棒でのばす。ラップでサンドしたまま冷凍庫で20〜30分冷やす。

＊ 冷蔵庫より冷凍庫のほうが早く冷えてかたくなる。

12 型で抜き、天板に20個ほど間隔をあけて並べる。170℃のオーブンで17〜19分焼く（表面に明るい焼き色がつくくらい）。網にのせて冷ます。残りも同様にして焼いて冷ます。

Mémo　成形後のサブレ生地はすべて1か月ほど冷凍保存できます。成形後、ラップをふんわりかけて冷凍庫で3時間ほど冷やし固め、乾燥しないようにラップで包んで冷凍用保存袋に入れます。

Sablés nantais

サブレ・ナンテ

フランス北西部、ロワール地方の都市ナントのサブレ。

ナントは、1941年までは隣接するブルターニュ地方に属していたため、

このお菓子はブルターニュ地方のサブレにも似ていて、バターが多く塩気のある味が特徴です。

材料　約27枚分

バター …… 80g

A ┌ 粉糖 …… 40g
　 └ 塩 …… 1.6g

アーモンドパウダー …… 40g

卵黄 …… 10g

ラム酒 …… 6g

バニラオイル …… 2滴

B ┌ 薄力粉 …… 100g
　 └ B.P. …… 0.8g

ぬり卵　適量

卵黄 …… 20g

とき卵 …… 10g

グラニュー糖 …… 0.1g

インスタントコーヒー（粉末）…… 0.1g

準備

・バターと卵黄は常温に戻す。

・Aは合わせる。

・Bは合わせてふるう。

・ぬり卵を作る。卵黄ととき卵を合わせてとき、茶こしでこす。グラニュー糖とインスタントコーヒーを加え、軽く混ぜて完全にとけるまでしばらくおく（20分ほど）。

・オーブンは170℃に予熱する（焼成時）。

【ここで使った型】
直径4.8cmの丸型

保存

密閉容器に入れて常温で約1週間保存可能（乾燥剤を入れる）。

作り方

1　ボウルにバターを入れ、かためのポマード状になるまで木べらで練り混ぜる。

2　Aを2回に分けて加え、その都度最初は木べらでゆっくりと混ぜ、粉糖がなじんだら横長の楕円を描くようにして混ぜる。

3　アーモンドパウダーを加え、横長の楕円を描くようにして混ぜる。

4　卵黄、ラム酒、バニラオイルを順に加え、その都度3と同様にして混ぜる。

5　Bも2回に分けて加え、その都度下から上に返しながら切るようにして混ぜる。8割方混ざればOK。

6　最後はカードにかえて、生地を下から上に返して押しつけながら粉が見えなくなるまでしっかり混ぜる。

7　カードで2cm厚さくらいの正方形にまとめ、ラップに包んで、冷蔵庫で3時間〜一晩ねかす。

8　〈成形・焼成〉冷蔵庫から出し、周囲1cmくらいをあけてラップをふんわりと包み直す。

9　生地をやわらかくするために、ラップの上からめん棒でたたく。その後めん棒を転がして1cm厚さくらいにのばし、ラップごとひっくり返して同様にのばす。

10　ラップを開いて新しいラップをのせ、生地をサンドする。

11　生地の両側に4mm厚さのルーラーを置いて、めん棒でのばす。ラップでサンドしたまま冷凍庫で20〜30分冷やす。

12　型で抜き、オーブンシートに並べる。

13　ぬり卵を刷毛で2回ぬり重ねる。1回ぬったら冷蔵庫に10分ほど入れ、2回目をぬる a.。

14　小さなフォークで波模様をつけて b.。天板にのせ、170℃のオーブンで16〜18分焼く。網にのせて冷ます。

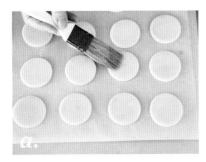
a.

b.

Palets bretons
パレ・ブルトン

フランスの北西部に位置するブルターニュ地方の郷土菓子です。
現地のパティスリーでは焼きっぱなしのものがお皿に並んでいるのが印象的でした。
現在はメーカー品も多く、今やフランス中で愛されている定番のおやつの1つです。
焼いた日がいちばんバターの風味がよく軽い歯ざわり。
翌日以降はややしっとりしてアーモンドのうまみが出てきます。

材料　約12枚分
バター …… 180g
A 　粉糖 …… 102g
　　塩 …… 2.4g
アーモンドパウダー …… 16g
卵黄 …… 26g
ラム酒 …… 14g
バニラオイル …… 2滴
B 　薄力粉 …… 176g
　　B.P. …… 1.4g

ぬり卵　適量
　卵黄 …… 15g
　とき卵 …… 5g
　インスタントコーヒー …… 少々

準備
・バターと卵黄は常温に戻す。
・Aは合わせる。
・Bは合わせてふるう。
・ぬり卵を作る。卵黄ととき卵を合わせてとき、茶こしでこす。インスタントコーヒーを加え、軽く混ぜて完全にとけるまでしばらくおく(20分ほど)。
・オーブンは170℃に予熱する(焼成時)。

【ここで使った型】
左:直径6cmの丸型
右:直径6cmのガレット用アルミケース

作り方
1　ボウルにバターを入れ、かための ポマード状になるまで木べらで練り混ぜる。

2　Aを3回に分けて加え、その都度最初は木べらでゆっくりと混ぜ、粉糖がなじんだら横長の楕円を描くようにして混ぜる。

3　アーモンドパウダーを加え、横長の楕円を描くようにして混ぜる。

4　卵黄を2回に分けて加え、その都度3と同様にして混ぜる。

5　ラム酒とバニラオイルを順に加え、その都度3と同様にして混ぜる。

6　Bも2回に分けて加え、その都度下から上に返しながら切るようにして混ぜる。8割方混ざればOK。

7　最後はカードにかえて、生地を下から上に返して押しつけながら粉が見えなくなるまでしっかり混ぜる。

8　カードで2cm厚さくらいの正方形にまとめ、ラップに包んで、冷蔵庫で3時間〜一晩ねかす。

9　〈成形〉冷蔵庫から出し、周囲1.5cmくらいをあけてラップをふんわりと包み直す。

10　生地をやわらかくするために、ラップの上からめん棒でたたく。その後めん棒を転がして1.5cm厚さくらいにのばし、ラップごとひっくり返して同様にのばす。

11　ラップを開いて新しいラップをのせ、生地をサンドする。生地の両側に1cm厚さのルーラーを置いて、めん棒でのばす。ラップでサンドしたまま冷凍庫で20〜30分冷やす。

12　型で抜き、オーブンシートに並べる。

13　ぬり卵を刷毛で2回ぬり重ねる。1回ぬったら冷蔵庫に10分ほど入れ、2回目をぬる。

14　表面にフォークで模様をつけて *a.*、アルミケースに入れる *b.*。
＊ 生地がやわらかいと形がくずれる。やわらかい場合は冷凍庫に15〜30分入れてからアルミケースに入れる。

15　〈焼成〉天板にのせ、170℃のオーブンで25分焼く。その後温度を下げて160℃で18〜20分焼く(模様の溝部分にも焼き色がつくくらい)。網にのせて冷ます。

a.

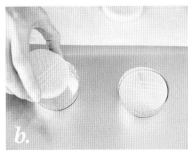
b.

Sablés très citr
レモンのサブレ

材料　約20枚分

バター …… 60g

A ┌ 粉糖 …… 40g
　└ 塩 …… 0.3g

バニラオイル …… 1滴

レモンの皮 (すりおろす) …… $\frac{1}{3}$ 個分

とき卵 …… 12g

レモン果汁 …… 8g

B ┌ 薄力粉 …… 118g
　│ ピールミックスレモンパウダー …… 5g
　└ B.P. …… 1.2g

レモンのシロップ　作りやすい分量

粉糖 …… 15g

レモン果汁 …… 5g

ピールミックスレモンパウダー
爽やかな香りと酸味がある。レモン果汁と
レモンピールを絶妙なブレンドでミックス
したもの。KUKKU ピールミックスレモン
パウダー30g/TOMIZ

準備

・バターととき卵は常温に戻す。

・Aは合わせる。

・Bは合わせてふるう。

・レモンのシロップを作る。粉糖にレモン果
　汁を加えて溶かす。

・天板にオーブンシートを敷く。

・オーブンは170℃に予熱する (焼成時)。

【ここで使った型】
7.2 × 4.7 cmのレモン型

作り方

1　ボウルにバターを入れ、かためのポマード状になるまで木
　べらで練り混ぜる。

2　Aを2回に分けて加え、その都度最初は木べらでゆっくり
　と混ぜ、粉糖がなじんだら横長の楕円を描くようにして混
　ぜる。

3　バニラオイルとレモンの皮を順に加え、その都度横長の楕
　円を描くようにして混ぜる。

4　とき卵、レモン果汁を順に加え、その都度3と同様にして
　混ぜる。

5　Bも2回に分けて加え、その都度下から上に返しながら切
　るようにして混ぜる。8割方混ざればOK。

6　最後はカードにかえて、生地を下から上に返して押しつけ
　ながら粉が見えなくなるまでしっかり混ぜる。

7　カードで2cm厚さくらいの正方形にまとめ、ラップに包ん
　で、冷蔵庫で3時間〜一晩ねかす。

8　〈成形〉冷蔵庫から出し、周囲1cmくらいをあけてラップを
　ふんわりと包み直す。

9　生地をやわらかくするために、ラップの上からめん棒でた
　たく。その後めん棒を転がして1cm厚さくらいにのばし、
　ラップごとひっくり返して同様にのばす。

10　ラップを開いて新しいラップをのせ、生地をサンドする。

11　生地の両側に3mm厚さのルーラーを置いて、めん棒でのば
　す。ラップでサンドしたまま冷凍庫で20〜30分冷やす。

12　型で抜いて天板に並べ、「CITRON」のスタンプを押すa.。
　＊ スタンプは製菓材料店などで購入可。描きたい単語の文字パーツをスタン
　　プ台に差し込む。

13　〈焼成・仕上げ〉170℃のオーブンで約15分焼く。

14　焼成後すぐにレモンのシロップを表面に刷毛で薄くぬり、
　170℃のオーブンで30秒くらい乾かす。

保存

密閉容器に入れて常温で約10日間
保存可能 (乾燥剤を入れる)。

a.

Sablés au citron
レモンアイシングのサブレ（サブレ・オ・シトロン）

春になって気温が高くなると、酸味のあるサブレが恋しくなります。
甘酸っぱいレモンのアイシングをぬって表面を白く仕上げます。
アイシングを完全に乾燥させないとしけるので、しっかり乾かしましょう。

材料　約18枚分

バター …… 65g

A ⌈ 粉糖 …… 50g
　 ⌊ 塩 …… 0.2g

レモンの皮（すりおろす）…… 1/3個分

アーモンドパウダー …… 16g

とき卵 …… 20g

バニラオイル …… 1滴

B ⌈ 薄力粉 …… 120g
　 ⌊ B.P. …… 0.6g

レモンのアイシング　作りやすい分量

　粉糖 …… 80g

　レモン果汁 …… 15g+1g

準備

・バターととき卵は常温に戻す。

・Aは合わせる。

・Bは合わせてふるう。

・レモンのアイシングを作る。粉糖にレモン果
　汁15gを加えてよく混ぜ、レモン果汁1gで
　かたさを調整する。かたさは垂らしたときに
　あとが残るが2～3秒で消えるくらい*a.*。

・天板にオーブンシートを敷く。

・オーブンは170℃に予熱する（焼成時）。

【ここで使った型】
直径6cmの丸型

作り方

1　ボウルにバターを入れ、かためのポマード状になるまで木べらで練り混ぜる。

2　Aを3回に分けて加え、その都度最初は木べらでゆっくりと混ぜ、粉糖がなじんだら横長の楕円を描くようにして混ぜる。

3　レモンの皮を加え、横長の楕円を描くようにして混ぜる。

4　アーモンドパウダーを2回に分けて加え、その都度3と同様にして混ぜる。

5　とき卵を2回に分けて加え、その都度3と同様にして混ぜる。

6　バニラオイルを加え、3と同様にして混ぜる。

7　Bも2回に分けて加え、その都度下から上に返しながら切るようにして混ぜる。8割方混ざればOK。

8　最後はカードにかえて、生地を下から上に返して押しつけながら粉が見えなくなるまでしっかり混ぜる。

9　カードで2cm厚さくらいの正方形にまとめ、ラップに包んで、冷蔵庫で3時間～一晩ねかす。

10　〈成形・焼成〉冷蔵庫から出し、周囲1cmくらいをあけてラップをふんわりと包み直す。

11　生地をやわらかくするために、ラップの上からめん棒でたたく。その後めん棒を転がして1cm厚さくらいにのばし、ラップごとひっくり返して同様にのばす。

12　ラップを開いて新しいラップをのせ、生地をサンドする。

13　生地の両側に3mm厚さのルーラーを置いて、めん棒でのばす。ラップでサンドしたまま冷凍庫で20～30分冷やす。

14　型で抜き、天板に並べる。170℃のオーブンで17～19分焼き、網にのせて冷ます。

15　〈仕上げ〉14を天板にのせ、刷毛でレモンのアイシングをぬる。

16　オーブンの温度を200～210℃に上げて1分～1分30秒焼き、常温に数時間おいてアイシングを乾かす。

a.

保存

アイシングをぬっているので、日が
たつとサブレがしけてくる。なるべ
く早めに食べる。

Spitzbuben
ジャムサンドサブレ（シュピッツブーベン）

「いたずらっこ」という意味のかわいいクッキー。ドイツやウィーンの定番サブレです。
プレーンなサブレでラズベリーやアプリコットのジャムをサンドしますが、
上側のサブレをハートや星形に抜いてジャムが見えるようにするのがポイントです。

材料　約16個分

バター …… 60g

A ［粉糖 …… 30g
　　塩 …… 0.2g］

レモンの皮（すりおろす）…… 1/6個分

とき卵 …… 10g

薄力粉 …… 90g

粉糖 …… 適量

ラズベリージャム …… 80g

水 …… 10g

準備

・バターととき卵は常温に戻す。

・Aは合わせる。

・薄力粉はふるう。

・天板にオーブンシートを敷く。

・オーブンは170℃に予熱する（焼成時）。

【ここで使った型】
直径4.5cmの菊型
＊ ほかに口径11mmの丸口金（穴あけ用）

作り方

1　ボウルにバターを入れ、かためのポマード状になるまで木べらで練り混ぜる。

2　Aを2回に分けて加え、その都度最初は木べらでゆっくりと混ぜ、粉糖がなじんだら横長の楕円を描くようにして混ぜる。

3　レモンの皮を加え、横長の楕円を描くようにして混ぜる。

4　とき卵を2回に分けて加え、その都度3と同様にして混ぜる。

5　粉も2回に分けて加え、その都度下から上に返しながら切るようにして混ぜる。8割方混ざればOK。

6　最後はカードにかえて、生地を木べらで下から上に返して押しつけながら粉が見えなくなるまでしっかり混ぜる。

7　カードで2cm厚さくらいの正方形にまとめ、ラップに包んで、冷蔵庫で3時間～一晩ねかす。

8　〈成形〉冷蔵庫から出し、周囲1cmくらいをあけてラップをふんわりと包み直す。

9　生地をやわらかくするために、ラップの上からめん棒でたたく。その後めん棒を転がして1cm厚さくらいにのばし、ラップごとひっくり返して同様にのばす。

10　ラップを開いて新しいラップをのせ、生地をサンドする。

11　生地の両側に2mm厚さのルーラーを置いて、めん棒でのばす。ラップでサンドしたまま冷凍庫で20～30分冷やす。

12　型で抜いて天板に並べ、抜いた生地の半量は口金の大きいほうの口で中央を抜く a.。

13　〈焼成・仕上げ〉170℃のオーブンで13～15分焼く（淡い焼き色がつくくらい）。網にのせて冷ます。
　　＊ 生地が薄いので、焦げないように注意して。

14　12で中央を抜いた生地に、茶こしで粉糖をかける。

15　小鍋にラズベリージャムと分量の水を入れて弱火にかける。冷水に落としてみて、ジャムのかたまりがそのまま残るくらいまで b. 煮つめる。

16　12で抜いていない生地にスプーンでジャムをのせ、14をのせてサンドする。

a.

b.

保存

ジャムの水分でサブレがしけやすいので、なるべく早めに食べる。

Sablés au praliné
プラリネのサブレ（サブレ・オ・プラリネ）

昔フランスのアルザス地方で教わったプラリネ入りのタルトをヒントにしました。
プラリネ風味のサブレにチョコレートとプラリネをサンドしてプラリネ感を強調。
ほんのり香るシナモンがチョコレートとプラリネのおいしさを引き立てます。

材料　約15個分

バター …… 60g

プラリネ（ヘーゼルナッツ）…… 8g

A [粉糖 …… 40g
    塩 …… 0.2g]

アーモンドパウダー …… 10g

とき卵 …… 18g

B [薄力粉 …… 100g
    B.P. …… 0.5g
    シナモンパウダー …… 0.8g]

サンド用クリーム

　ミルクチョコレート …… 30g

　プラリネ（ヘーゼルナッツ）…… 30g

コーティング用チョコレート（ミルク）
　…… 適量

ピスタチオ（粗みじん切り）…… 適量

ヘーゼルナッツプラリネ
グラニュー糖を焦がしてキャラメルを作り、ローストしたヘーゼルナッツを加えてペースト状になるまでひいたもの。IPプラリネ・ノワゼット200g/TOMIZ

準備

・バターととき卵は常温に戻す。

・Aは合わせる。

・Bは合わせてふるう。

・サンド用クリームを作る。ミルクチョコレートを湯せんにかけてとかし、プラリネを加えてゴムべらで均一になるまで混ぜ、ねっとりとするまで常温におく。

　＊保存容器に入れて冷蔵庫で2週間保存可能。使うときは湯せんにかける。

・天板にオーブンシートを敷く。

・オーブンは170℃に予熱する（焼成時）。

【ここで使った型】
5.5×3.5cmのスクエア型

保存

密閉容器に入れて常温（暑い時期は冷蔵庫）で約1週間保存可能（乾燥剤を入れる）。

作り方

1　ボウルにバターを入れ、かための ポマード状になるまで木べらで練り混ぜる。

2　プラリネを加え、均一になるまで混ぜる

3　Aを2回に分けて加え、その都度最初は木べらでゆっくりと混ぜ、粉糖がなじんだら横長の楕円を描くようにして混ぜる。

4　アーモンドパウダーを加え、横長の楕円を描くようにして混ぜる。

5　とき卵を2回に分けて加え、その都度4と同様にして混ぜる。

6　Bも2回に分けて加え、その都度下から上に返しながら切るようにして混ぜる。8割方混ざればOK。

7　最後はカードにかえて、生地を下から上に返して押しつけながら粉が見えなくなるまでしっかり混ぜる。

8　カードで2cm厚さくらいの正方形にまとめ、ラップに包んで、冷蔵庫で3時間〜一晩ねかす。

9　〈成形〉冷蔵庫から出し、周囲1cmくらいをあけてラップをふんわりと包み直す。

10　生地をやわらかくするために、ラップの上からめん棒でたたく。その後めん棒を転がして1cm厚さくらいにのばし、ラップごとひっくり返して同様にのばす。

11　ラップを開いて新しいラップをのせ、生地をサンドする。

12　生地の両側に3mm厚さのルーラーを置いて、めん棒でのばす。ラップでサンドしたまま冷凍庫で20〜30分冷やす。

　＊プラリネ入りの生地はやわらかい。扱いにくくなったら冷蔵庫や冷凍庫で冷やしながら作業する。

13　型で抜き、天板に並べる。

14　〈焼成・仕上げ〉170℃のオーブンで18〜20分焼き、網にのせて冷ます。

15　サンド用クリームをスプーンですくって14の半量に約4gずつのせ、もう1枚でサンドする*a.*。冷蔵庫で5〜10分冷やす。

16　コーティング用チョコレートを湯せんにかけてとかし、15を斜めに入れてつけ*b.*、ピスタチオを散らす。

17　冷蔵庫に5〜10分入れて、チョコレートを固める。

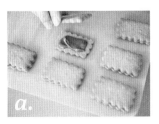

a.

b.

Boules de neige
ブール・ド・ネージュ

小さな雪玉をイメージしたお菓子。

日本ではスノーボールクッキーの名で親しまれています。

小麦粉にコーンスターチを加えているので、サクサクッとした軽い食感。

口の中でほろほろとくずれて、いくつでも食べられそう。

最後にかける粉糖に抹茶やいちごパウダーを混ぜると、味のバリエーションが楽しめます。

材料　約30個分

バター …… 64g

A ┌ 粉糖 …… 16g
　└ 塩 …… 0.4g

バニラオイル …… 1滴

アーモンドパウダー …… 30g

B ┌ 薄力粉 …… 58g
　└ コーンスターチ …… 20g

仕上げ用粉糖（白）

　粉糖 …… 30g

仕上げ用粉糖（抹茶）

　粉糖 …… 30g

　抹茶パウダー …… 1.2g

仕上げ用粉糖（いちご）

　粉糖 …… 30g

　いちごパウダー …… 3g

準備

・バターは常温に戻す。

・Aは合わせる。

・Bは合わせてふるう。

・仕上げ用粉糖の抹茶といちごはそれぞれ合わせてふるい、密閉容器などに入れる。

・オーブンは170℃に予熱する（焼成時）。

作り方

1　ボウルにバターを入れ、かたのポマード状になるまで木べらで練り混ぜる。

2　Aを2回に分けて加え、その都度最初は木べらでゆっくりと混ぜ、粉糖がなじんだら横長の楕円を描くようにして混ぜる。

3　バニラオイル、アーモンドパウダーを順に加え、その都度横長の楕円を描くようにして混ぜる。

4　Bも2回に分けて加え、その都度下から上に返しながら切るようにして混ぜる。8割方混ざればOK。

5　最後はカードにかえて、生地を下から上に返して押しつけながら粉が見えなくなるまでしっかり混ぜる。

6　カードで2cm厚さくらいの正方形にまとめ、ラップに包んで、冷蔵庫で3時間〜一晩ねかす。

7　〈成形〉冷蔵庫から出してカードで6分割にし、手のひらで台にこすりつけるようにしてそれぞれこね*a.*、ひとまとめにする。

8　親指大くらい（約6g）にカードで分割し、おだんごを作る要領で丸めて*b.* オーブンシートに並べる。

9　〈焼成・仕上げ〉天板にのせ、170℃のオーブンで約18分焼く（淡い焼き色がつくくらい）。

10　粗熱が取れたら、仕上げ用粉糖3種をそれぞれまぶし、完全に冷めたら再度まぶす。

＊ 気温が高い時期はまぶした粉糖がべたつきやすい。一度冷蔵庫で10分ほど冷やしてから、2回目の粉糖をまぶすといい。

保存

密閉容器に入れて常温（暑い時期は冷蔵庫）で約1週間保存可能（乾燥剤を入れる）。

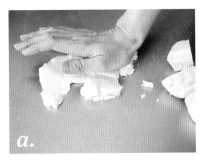

a.

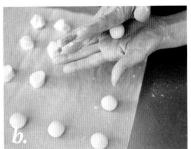

b.

Vanillekipfel
バニラキッフェル

ウィーンやドイツで定番の三日月形のサブレ。

ナッツの風味とバニラの甘い香りが漂うやさしい味わいで、

年齢問わずみんなに好まれます。

粉の一部をコーンスターチに置き換えて、より軽やかな食感に仕上げます。

材料　34個分

バター …… 100g

A ┌ 粉糖 …… 28g
　└ 塩 …… 0.6g

バニラオイル …… 1滴

B ┌ アーモンドパウダー …… 37g
　└ ヘーゼルナッツパウダー …… 10g

C ┌ 薄力粉 …… 77g
　└ コーンスターチ …… 27g

打ち粉（強力粉）…… 適量

粉糖 …… 適量

準備

・バターは常温に戻す。

・Aは合わせる。

・Bは合わせて粗めのふるい（ざるなど）でふるう。

・Cは合わせてふるう。

・天板にオーブンシートを敷く。

・オーブンは170℃に予熱する（焼成時）。

作り方

1　ボウルにバターを入れ、かためのポマード状になるまで木べらで練り混ぜる。

2　Aを2回に分けて加え、その都度最初は木べらでゆっくりと混ぜ、粉糖がなじんだら横長の楕円を描くようにして混ぜる。

3　バニラオイルを加え、横長の楕円を描くようにして混ぜる。

4　Bを2回に分けて加え、その都度3と同様にして混ぜる。

5　Cも2回に分けて加え、その都度下から上に返しながら切るようにして混ぜる。8割方混ざればOK。

6　最後はカードにかえて、生地を下から上に返して押しつけながら粉が見えなくなるまでしっかり混ぜる。

7　カードで2cm厚さくらいの正方形にまとめ、ラップに包んで、冷蔵庫で3時間〜一晩ねかす。

8　〈成形〉ラップをはずして生地を台に出し、手のひらで押しつぶすようにして、全体が均一な状態になるまでもんでまとめる。

9　生地を2分割してそれぞれ俵形にし、手のひらで台に転がしながら約27cm長さの棒状にする。

10　はかりではかりながら、カードで8gずつに分割する。台と生地に打ち粉をし、手のひらで9cm長さのひも状にそれぞれのばすa.。

11　三日月のような形にして、天板に並べる。

　　＊生地の温度が上がらないように手早く行なう。

12　〈焼成・仕上げ〉170℃のオーブンで約15分焼く（淡い焼き色がつくくらい）。

13　焼成後すぐに粉糖を茶こしでふるいかけ、完全に冷めたら再度粉糖をふるいかける。

保存

密閉容器に入れて常温で約1週間保存可能（乾燥剤を入れる）。

a.

27

Nuss
くるみのサブレ（ヌス）

ひと口サイズでころころっとした丸い形が愛らしいサブレ。

生地にもトッピングにもくるみを使っているので、

くるみの香ばしい香りとほんのり甘くてやさしい味が楽しめます。

くるみパウダーのみだと苦みが強くなるので、アーモンドパウダーとブレンドするのがポイント。

紅茶にもコーヒーにもよく合います。

材料　約30個分

バター …… 75g

A ┌ 粉糖 …… 24g
　└ 塩 …… 0.2g

B ┌ アーモンドパウダー …… 28g
　└ くるみパウダー …… 8g

バニラオイル …… 1滴

C ┌ 薄力粉 …… 58g
　└ コーンスターチ …… 20g

アプリコットジャム …… 適量

くるみ（ロースト／無塩）…… 適量

準備

・バターは常温に戻す。

・Aは合わせる。

・Bは合わせて粗めのざるでふるう。

・Cは合わせてふるう。

・天板にオーブンシートを敷く。

・オーブンは170℃に予熱する（焼成時）。

作り方

1　ボウルにバターを入れ、かためのポマード状になるまで木べらで練り混ぜる。

2　Aを2回に分けて加え、その都度最初は木べらでゆっくりと混ぜ、粉糖がなじんだら横長の楕円を描くようにして混ぜる。

3　Bを加え、横長の楕円を描くようにして混ぜる。

4　バニラオイルを加え、3と同様にして混ぜる。

5　Cも2回に分けて加え、その都度下から上に返しながら切るようにして混ぜる。8割方混ざればOK。

6　最後はカードにかえて、生地を下から上に返して押しつけながら粉が見えなくなるまでしっかり混ぜる。

7　カードで2cm厚さくらいの正方形にまとめ、ラップに包んで、冷蔵庫で3時間〜一晩ねかす。

8　〈成形〉ラップをはずして生地を台に出し、手のひらで押しつぶすようにして、全体が均一な状態になるまでもんでまとめる。

9　8を俵形にし、手のひらで台に転がしながら約40cm長さの棒状にする。

10　はかりではかりながら、カードで7gずつに分割する。

11　手のひらで丸めて天板に並べ、中央を軽く指で押して*a.*アプリコットジャムをスプーンで入れ、くるみをのせる*b.*。
　＊くるみが大きい場合は、1/4〜1/2にカットする。

12　〈焼成〉170℃のオーブンで13〜15分焼く（淡い焼き色がつくくらい）。網にのせて冷ます。

保存

密閉容器に入れて常温で約1週間保存可能（乾燥剤を入れる）。

a.

b.

Pretzel
プレッツェル

ドイツやフランス・アルザスで定番のプレッツェルの形を模したサブレ。

形の由来には諸説あり、修道士がお祈りの際に腕を交差させている様子を表わしているという説、

また罪を犯したパン職人が領主から「太陽を3度見ることができるパンを作れ」

という命令を受け、3か所穴があるこの形になったという説などが有名です。

材料　約26個分

バター …… 48g

A ┌ 粉糖 …… 42g
　└ 塩 …… 0.5g

とき卵 …… 12g

レモンの皮（すりおろす）…… 1/6 個分

バニラオイル …… 1滴

薄力粉 …… 95g

打ち粉（強力粉）…… 適量

ラムのアイシング

　粉糖 …… 48g

　ラム酒 …… 8g

　水 …… 4g

準備

・バターととき卵は常温に戻す。

・Aは合わせる。

・薄力粉はふるう。

・ラムのアイシングを作る。ボウルに粉糖を入れ、ラム酒と分量の水を加えてゴムべらでよく混ぜ合わせる。

・天板にオーブンシートを敷く。

・オーブンは170℃に予熱する（焼成時）。

作り方

1　ボウルにバターを入れ、かための ポマード状になるまで木べらで練り混ぜる。

2　Aを2回に分けて加え、その都度最初は木べらでゆっくりと混ぜ、粉糖がなじんだら横長の楕円を描くようにして混ぜる。

3　とき卵を2回に分けて加え、その都度横長の楕円を描くようにして混ぜる。

4　レモンの皮とバニラオイルを順に加え、その都度3と同様にして混ぜる。

5　粉も2回に分けて加え、その都度下から上に返しながら切るようにして混ぜる。8割方混ざればOK。

6　最後はカードにかえて、生地を下から上に返して押しつけながら粉が見えなくなるまでしっかり混ぜる。

7　カードで2cm厚さくらいの正方形にまとめ、ラップに包んで、冷蔵庫で3時間〜一晩ねかす。

8　〈成形〉ラップをはずして生地を台に出し、手のひらで押しつぶすようにして、全体が均一な状態になるまでもんでまとめる。

9　8を俵形にし、手のひらで台に転がしながら約36cm長さの棒状にする。

10　はかりではかりながら、カードで8gずつに分割する。台と生地に打ち粉をし、手のひらで19cm長さの細いひも状にそれぞれのばす a.。

11　天板にのせ、プレッツェルの形を作る b.。
　　＊生地の温度が上がらないように手早く行なう。

12　〈焼成・仕上げ〉170℃のオーブンで15〜18分焼く（淡い焼き色がつくくらい）。網にのせて冷ます。

13　12を天板にのせ、刷毛で表面に薄くラムのアイシングをぬり、オーブンの温度を190℃に上げて20秒ほど入れ、表面を乾かす。

保存

密閉容器に入れて常温で約10日間保存可能（乾燥剤を入れる）。

a.

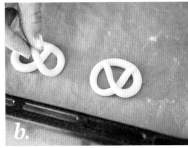

b.

Short bread
ショートブレッド

昔はスコットランドでクリスマスや新年のお祝いのときに食べられていた特別のお菓子でしたが、
現在は普段のおやつとして親しまれています。
もともとは丸い形でまわりにギザギザの縁をつけて、
太陽をイメージして作っていたそうですが、今では細い棒状にして焼いたタイプが主流。
サクサクとした軽い食感と小麦粉の風味を感じるイギリスの素朴な焼き菓子です。

材料　約22個分

バター …… 100g

粉糖 …… 42g

A ┌ 牛乳 …… 17g
　└ 塩 …… 1.3g

バニラオイル …… 1滴

B ┌ 薄力粉 …… 160g
　└ コーンスターチ …… 25g

準備

・バターは常温に戻す。

・Aは合わせて塩を溶かす。

・Bは合わせてふるう。

・天板にオーブンシートを敷く。

・オーブンは130℃に予熱する（焼成時）。

作り方

1　ボウルにバターを入れ、やわらかめのポマード状になるまで木べらで練り混ぜる。

2　粉糖を2回に分けて加え、その都度最初は木べらでゆっくりと混ぜ、粉糖がなじんだら横長の楕円を描くようにして混ぜる。

3　Aを2回に分けて加え、その都度泡立て器で横長の楕円を描くようにしてよく混ぜる a.。
　　＊ 生地がなじみにくいときは、湯せんにかけてボウルを少し温める。バターをとかさないように注意して。

4　バニラオイルを加えて、3と同様にして混ぜる。

5　Bも2回に分けて加え、その都度木べらで下から上に返しながら切るようにして混ぜる。8割方混ざればOK。

6　最後はカードにかえて、生地を下から上に返してひとまとまりになるまで混ぜる。

7　カードで2cm厚さくらいの正方形にまとめ、ラップに包んで、冷蔵庫で2～3時間ねかす。

8　〈成形〉冷蔵庫から出し、周囲1cmくらいをあけてラップをふんわりと包み直す。

9　生地をやわらかくするために、ラップの上からめん棒でたたく。その後めん棒を転がして1.5cm厚さくらいにのばし、ラップごとひっくり返して同様にのばす。

10　ラップを開いて新しいラップをのせ、生地をサンドする。

11　生地の両側に1.2cm厚さのルーラーを置いて、めん棒で17×13cmにのばす。ラップでサンドしたまま冷凍庫で20～30分冷やす。

12　ナイフや包丁で1.5×6cmの棒状にカットし、箸などでそれぞれ3か所に穴をあけて天板に並べる。

13　〈焼成〉130℃のオーブンで50～55分焼く。網にのせて冷ます。
　　＊ あまり焼き色をつけない。途中で焼き色がついてきたら、オーブンの温度を10℃ほど下げる。

a.

保存

密閉容器に入れて常温で約10日間保存可能（乾燥剤を入れる）。

Sablés chocolat amandes
サブレ・ショコラ・アマンド

ココアのビターな風味がストレートに感じられるサブレです。
生地の中にアーモンドスライスを入れることで、香ばしさとコクがプラス。
焼きっぱなしでもおいしいのですが、
仕上げにチョコレートをコーティングするとチョコレート感がアップしてリッチな味わいになりますよ。

材料　約30枚分

バター …… 100g

A ┌ 粉糖 …… 60g
　└ 塩 …… 0.5g

卵黄 …… 12g

B ┌ 薄力粉 …… 134g
　└ ココアパウダー …… 12g

アーモンドスライス …… 48g

準備

・ バターと卵黄は常温に戻す。

・ Aは合わせる。

・ Bは合わせてふるう。

・ アーモンドスライスは170℃のオーブンで
　12〜15分ローストする。

・ 天板にオーブンシートを敷く。

・ オーブンは160℃に予熱する（焼成時）。

作り方

1　ボウルにバターを入れ、かための ポマード状になるまで木べらで練り混ぜる。

2　Aを3回に分けて加え、その都度最初は木べらでゆっくりと混ぜ、粉糖がなじんだら横長の楕円を描くようにして混ぜる。

3　卵黄を加え、横長の楕円を描くようにして混ぜる。

4　Bも2回に分けて加え、その都度下から上に返しながら切るようにして混ぜる。8割方混ざったところでアーモンドスライスを加え a.、カードにかえてひとまとまりになるまで混ぜる。

5　カードで2cm厚さくらいの正方形にまとめ、ラップに包んで、冷蔵庫で2〜3時間ねかす。

6　〈成形〉冷蔵庫から出し、周囲1cmくらいをあけてラップをふんわりと包み直す。

7　生地をやわらかくするために、ラップの上からめん棒でたたく。その後めん棒を転がして1cm厚さくらいにのばし、ラップごとひっくり返して同様にのばす。

8　ラップを開いて新しいラップをのせ、生地をサンドする。

9　生地の両側に5mm厚さのルーラーを置いて、めん棒で約26×22cmにのばす。ラップでサンドしたまま冷凍庫で20〜30分冷やす。

10　ナイフで3.8cm角にカットして天板に並べる。

11　〈焼成〉160℃のオーブンで約25分焼く。網にのせて冷ます。

保存

密閉容器に入れて常温で約10日間
保存可能（乾燥剤を入れる）。

a.

Florentins
フロランタン

サクサクしたサブレにキャラメル風味のヌガーをプラスしたぜいたくなサブレ。
バターやアーモンドのコクも加わって小さくても食べごたえがあります。
温かいうちに裏返してカットすると、輪郭がはっきりして美しく仕上がります。

材料　21個分

バター …… 53g

粉糖 …… 33g

アーモンドパウダー …… 13g

とき卵 …… 17g

A ┌ 薄力粉 …… 87g
　└ B.P. …… 0.4g

ヌガー

　バター …… 9g

　グラニュー糖 …… 23g

　生クリーム（乳脂肪分45〜47%）…… 15g

　はちみつ …… 15g

　アーモンドスライス …… 40g

準備

・バターととき卵は常温に戻す。

・Aは合わせてふるう。

・天板にオーブンシートを敷く。

・オーブンは170℃に予熱する（焼成時）。

作り方

1　ボウルにバターを入れ、かための ポマード状になるまで木べらで練り混ぜる。

2　粉糖を2回に分けて加え、その都度最初は木べらでゆっくりと混ぜ、粉糖がなじんだら横長の楕円を描くようにして混ぜる。

3　アーモンドパウダーを加え、横長の楕円を描くようにして混ぜる。

4　とき卵を2回に分けて加え、その都度3と同様にして混ぜる。

5　Aも2回に分けて加え、その都度下から上に返しながら切るようにして混ぜる。8割方混ざればOK。

6　最後はカードにかえて、生地を下から上に返して押しつけながら粉が見えなくなるまでしっかり混ぜる。

7　カードで2cm厚さくらいの正方形にまとめ、ラップに包んで、冷蔵庫で3時間〜一晩ねかす。

8　〈成形〉冷蔵庫から出し、周囲1cmくらいをあけてラップをふんわりと包み直す。

9　生地をやわらかくするために、ラップの上からめん棒でたたく。その後めん棒を転がして1cm厚さくらいにのばし、ラップごとひっくり返して同様にのばす。

10　ラップを開いて新しいラップをのせ、生地をサンドする。

11　生地の両側に5mm厚さのルーラーを置いて、めん棒で約16cmの正方形にのばす。ラップでサンドしたまま冷凍庫で20〜30分冷やす。

12　ナイフで15cmの正方形にカットして天板にのせる。

13　〈焼成〉170℃のオーブンで18〜20分焼く（表面に淡い焼き色がつくくらい）。

14　ヌガーを作る。小鍋にアーモンドスライス以外の材料を入れて中火にかけ、115℃になったら火を止めてアーモンドスライスを加え混ぜる。

15　13に14をのせ、ゴムべらで平らにのばす。

16　〈焼成・仕上げ〉ヌガーが流れないように、生地のまわりを二重にしたアルミホイルで囲み a.、170℃のオーブンで約20分焼く。

17　表面が温かいうちにヌガー部分を下にして置き、端部分をまっすぐにカットする。その後約4.8×2cmにカットする b.。

a.

b.

保存

密閉容器に入れて常温で約1週間保存可能（乾燥剤を入れる）。

Broyé du Poitou
ブロワイエ・デュ・ポワトゥー

「broyer（ブロワイエ）」は、「砕く」という意味。
このお菓子を食べるときはテーブルの上に置いて拳（こぶし）でたたき砕くことに由来します。

ポワトゥー・シャラント地方は、温暖な気候で酪農が盛ん、
良質なバターの産地としても有名です。
エシレバターの生産で知られるエシレ村もこの地域に属します。

材料　1枚分

バター …… 110g

A ┌ 微粒子グラニュー糖 …… 110g
　└ 塩 …… 1.6g

＊ 微粒子グラニュー糖は粉糖より粒子が大きいので、ザクッとした食感になる。

アーモンドパウダー …… 20g

とき卵 …… 45g

バニラオイル …… 1滴

ラム酒 …… 6g

B ┌ 薄力粉 …… 200g
　└ B.P. …… 1g

ぬり卵
　卵黄 …… 10g
　牛乳 …… 1g

準備

・ バターととき卵は常温に戻す。

・ Aは合わせる。

・ Bは合わせてふるう。

・ ぬり卵を作る。卵黄と牛乳を合わせて茶こしでこす。

・ 天板にオーブンシートを敷く。

・ オーブンは170℃に予熱する（焼成時）。

【道具】
直径23〜24cmのボウル（型として使用）

作り方

1 ボウルにバターを入れ、かためのポマード状になるまで木べらで練り混ぜる。

2 Aを3回に分けて加え、その都度最初は木べらでゆっくりと混ぜ、グラニュー糖がなじんだら横長の楕円を描くようにして混ぜる。

3 アーモンドパウダーを加え、横長の楕円を描くようにして混ぜる。

4 とき卵を3回に分けて加え、その都度3と同様にして混ぜる。

5 バニラオイル、ラム酒を順に加え、その都度3と同様にして混ぜる。

6 Bも2回に分けて加え、その都度下から上に返しながら切るようにして混ぜる。8割方混ざればOK。

7 最後はカードにかえて、生地を下から上に返して押しつけながら粉が見えなくなるまでしっかり混ぜる。

8 カードで2cm厚さくらいの正方形にまとめ、ラップに包んで、冷蔵庫で2〜3時間ねかす。

9 〈成形〉冷蔵庫から出し、周囲1cmくらいをあけてラップをふんわりと包み直す。

10 生地をやわらかくするために、ラップの上からめん棒でたたく。その後めん棒を転がして1cm厚さくらいにのばし、ラップごとひっくり返して同様にのばす。

11 ラップを開いて新しいラップをのせ、生地をサンドする。

12 生地の両側に7〜8mm厚さのルーラーを置いて、めん棒で円形にのばし、ラップでサンドしたまま冷凍庫で20〜30分冷やす。

13 冷凍庫から出し、ボウルなどを利用して直径23〜24cmにナイフでカットする a.。

14 ぬり卵を13にぬり広げ、フォークの背を45度傾けて等間隔になるように格子模様をつけ、天板にのせる。

15 〈焼成〉170℃のオーブンで38〜43分焼く（香ばしい焼き色がつくまで）。網にのせて冷ます。

保存

密閉容器に入れて常温で約10日間保存可能（乾燥剤を入れる）。

a.

Sablés diamant
サブレ・ディアマン

棒状にのばした生地を切り分けて焼くアイスボックスタイプのシンプルなサブレ。
周囲にまぶしたグラニュー糖がキラキラ輝くことから、
ダイヤモンドの意味を持つ「ディアマン」と呼ばれます。
中に入れる具材を変えることで、いろいろなバリエーションを作ることができます。
つなぎの水分に卵でなく水を使用しているので、バターの風味がストレートに感じられます。

材料　各30枚分
バター …… 152g
A ［ 粉糖 …… 64g
　　 塩 …… 1.2g
水 …… 18g
薄力粉 …… 214g
ローズマリー（生／刻む）…… 2g
打ち粉（強力粉）…… 適量
卵白、グラニュー糖 …… 各適量

準備
・バターは常温に戻す。
・Aは合わせる。
・薄力粉はふるう。
・天板にオーブンシートを敷く。
・オーブンは170℃に予熱する（焼成時）。

a.

b.

作り方

1　ボウルにバターを入れ、かための ポマード状になるまで木べらで練り混ぜる。

2　Aを3回に分けて加え、その都度最初は木べらでゆっくりと混ぜ、粉糖がなじんだら横長の楕円を描くようにして混ぜる。

3　分量の水を3回に分けて加え、その都度横長の楕円を描くようにして混ぜる。
　　＊ 生地がなじみにくいときは、ボウルを湯せんにかけて温める。バターをとかさないように注意して。

4　粉も2回に分けて加え、その都度下から上に返しながら切るようにして混ぜる。8割方混ざればOK。

5　最後はカードにかえて、生地を下から上に返して押しつけながら粉が見えなくなるまでしっかり混ぜる。

6　カードで2cm厚さくらいの正方形にまとめ、ラップに包んで、冷蔵庫で3時間〜一晩ねかす。

7　〈成形〉ラップをはずして生地を台に出し、2分割して1つにローズマリーをのせる。それぞれ手のひらで台に押しつぶすようにして、全体が均一な状態になるまでもんでまとめる。

8　生地をそれぞれ俵形にし、打ち粉をして手のひらで台に転がしながら30cm長さの棒状にする。最後は板などを上にあてて生地を転がすと*a.*表面がきれいになる。

9　それぞれラップに包んで、冷凍庫で3時間〜一晩冷凍する。

10　〈焼成〉冷凍庫から出してラップをはずし、刷毛で卵白を全体に薄くぬる。

11　まな板の上にグラニュー糖を薄く広げ、**10**を転がしてグラニュー糖をまぶす*b.*。

12　それぞれ定規をあてて1cmごとにナイフで印をつけ、カットして天板に並べる。

13　170℃のオーブンで17〜20分焼く。網にのせて冷ます。

保存
密閉容器に入れて常温で約10日間保存可能（乾燥剤を入れる）。

Sablés viennois

サブレ・ヴィエノワ

ヴィエノワは「ウィーン風の」という意味。

絞り出して作る軽い食感のサブレです。

絞り方によっていろいろな形が作れます。

波形や丸形など、好みの形に絞って、ラインの美しさを楽しみましょう。

アクセントにドレンチェリーをのせると、レトロな雰囲気が漂います。

材料

波形の場合：20〜24個分

丸形の場合：約30個分

バター …… 80g

A ┌ 粉糖 …… 29g
　└ 塩 …… 0.6g

卵白 …… 12g

バニラオイル …… 1滴

薄力粉 …… 88g

ドレンチェリー（丸形で使用）…… 4個

準備

・バターと卵白は常温に戻す。

・Aは合わせる。

・薄力粉はふるう。

・ドレンチェリーは$\frac{1}{8}$等分にカットする。

・天板サイズの紙にガイドラインになる線を描いて（波形なら5.5cm間隔の横線、丸形なら直径3.5cmの円）天板にのせ、その上にオーブンシートを敷く。

・オーブンは170℃に予熱する（焼成時）。

【道具】

星口金（口径11mmの8切り）

絞り出し袋

作り方

1　ボウルにバターを入れ、やわらかめのポマード状になるまで木べらで練り混ぜる。

2　Aを2回に分けて加え、その都度最初は木べらでゆっくりと混ぜ、粉糖がなじんだら横長の楕円を描くようにして混ぜる。

3　卵白を2回に分けて加え、その都度泡立て器で大きな円を描くようにしてよく混ぜる。

4　バニラオイルを加え、3と同様にして混ぜる。

5　粉も2回に分けて加え、その都度木べらで下から上に返しながら切るようにして混ぜる。8割方混ざればOK。

6　最後はゴムべらにかえて、生地を下から上に返すようにして粉が見えなくなるまでしっかり混ぜる。

7　〈成形〉口金をつけた絞り出し袋に6を入れ、天板に波形なら5.5cm長さに絞りa.、丸形なら直径3.5cmに絞ってドレンチェリーをのせる。

　　＊ 紙に波形なら5.5cm間隔の線、丸形なら直径3.5cmの円を描いてオーブンシートの下に入れて絞ると形がそろう。

8　〈焼成〉170℃のオーブンで17〜20分焼く（周囲にうっすらと焼き色がつくくらい）。網にのせて冷ます。

保存

密閉容器に入れて常温で約1週間保存可能（乾燥剤を入れる）。

a.

Palets de dames
レーズンサブレ（パレ・ド・ダム）

レーズン入りのゆるい生地を丸く焼いた素朴なサブレ。

ラング・ド・シャにも似ていますが、

レーズンとラム酒を加えることで大人っぽく香り豊かな味わいです。

名前の由来は女性がひと口で食べられる小さな円形のお菓子ということから。

材料　約50枚分

バター …… 50g

A 「粉糖 …… 50g
　　塩 …… 0.4g

とき卵 …… 24g

ラム酒 …… 3g

薄力粉 …… 60g

ドライレーズン（半分に切る）…… 32g分

準備

・バターととき卵は常温に戻す。

・Aは合わせる。

・薄力粉はふるう。

・天板にオーブンシートを敷く。

・オーブンは200℃に予熱する（焼成時）。

【道具】

丸口金（口径12mm）

絞り出し袋

保存

密閉容器に入れて常温で1週間〜10日間保存可能（乾燥剤を入れる）。

作り方

1　ボウルにバターを入れ、やわらかめのポマード状になるまで木べらで練り混ぜる。

2　Aを3回に分けて加え、その都度最初は木べらでゆっくりと混ぜ、粉糖がなじんだら横長の楕円を描くようにして混ぜる。

3　とき卵を3回に分けて加え、その都度横長の楕円を描くようにして混ぜる。

4　ラム酒を加え、3と同様にして混ぜる。

5　粉も加え、下から上に返しながら切るようにして混ぜる。8割方混ざればOK。

6　レーズンを加える（混ぜない）。

7　ゴムべらにかえて、生地を下から上に返すようにして粉が見えなくなるまでしっかり混ぜる。

8　〈成形〉口金をつけた絞り出し袋に7を入れ、天板に直径2.5cm程度に丸く絞る a.。

9　〈焼成〉200℃のオーブンで8〜10分焼く（周囲においしそうな焼き色がつくまで）。網にのせて冷ます。

a.

Gipfeli
ギップフェリー

ギップフェリーはドイツ語で「山の頂上」の意味。

名前から想像すると山の頂上のカーブをイメージしているように思えます。

ヘーゼルナッツ特有の香ばしさにスパイスを合わせてエキゾチックな風味に。

個性的な味わいのサブレです。

材料　約35個分

バター …… 60g

粉糖 …… 45g

A ┌ アーモンドパウダー …… 22g
　└ ヘーゼルナッツパウダー …… 22g

バニラオイル …… 1滴

卵白 …… 20g

B ┌ 薄力粉 …… 60g
　│ シナモンパウダー …… 0.5g
　└ ナツメグパウダー …… 0.5g

コーティング用チョコレート（ミルク）
　　…… 適量

準備

・バターと卵白は常温に戻す。

・Aは合わせて目の粗いざるでふるう。

・Bは合わせてふるう。

・天板サイズの紙にガイドラインになる直径
　3.5cmの円を描いて天板にのせ、その上に
　オーブンシートを敷く。

・オーブンは170℃に予熱する（焼成時）。

【道具】
星口金（口径6mmの8切り）
絞り出し袋

作り方

1　ボウルにバターを入れ、やわらかめのポマード状になるまで木べらで練り混ぜる。

2　粉糖を2回に分けて加え、その都度最初は木べらでゆっくりと混ぜ、粉糖がなじんだら横長の楕円を描くようにして混ぜる。

3　Aを2回に分けて加え、その都度横長の楕円を描くようにして混ぜる。

4　バニラオイルを加え、3と同様にして混ぜる。

5　卵白を3回に分けて加え、その都度泡立て器でよく混ぜる。

6　Bも2回に分けて加え、その都度木べらで下から上に返しながら切るようにして混ぜる。8割方混ざればOK。

7　最後はゴムべらにかえて、生地を下から上に返すようにして粉が見えなくなるまでしっかり混ぜる。

8　〈成形〉口金をつけた絞り出し袋に7を入れ、オーブンシートの下の紙のラインに沿って天板に絞り出す。このとき円の下側は少しあける a.。

9　〈焼成・仕上げ〉紙を取り除いて、170℃のオーブンで約18分焼く。網にのせて冷ます。

10　コーティング用チョコレートを湯せんにかけてとかし、9の両先端につける。オーブンシートに並べ、冷蔵庫で5分ほど冷やし固める。

保存

密閉容器に入れ、常温（暑い時期は
冷蔵庫）で1週間〜10日間保存可能
（乾燥剤を入れる）。日がたつとナッ
ツの香ばしさがなくなってくるの
で、なるべく早く食べる。

a.

Nero
ネロ

ウィーンのサブレの1つで、ビターなチョコレートの味が楽しめます。
定番はラズベリージャムをサンドするようですが、
しけるのを少しでも防ぐため、チョコレートとプラリネをサンド。
コクのあるサブレにアレンジしました。
ここでは細長く絞りましたが、丸く絞ってもOK。

材料　約25個分
バター …… 50g
粉糖 …… 35g
とき卵 …… 22g
バニラオイル …… 1滴
A ┌ 薄力粉 …… 46g
　└ ココアパウダー …… 8g

サンド用クリーム
　ビターチョコレート …… 15g
　プラリネ（ヘーゼルナッツ）…… 15g

コーティング用チョコレート（ビター）
　…… 適量

準備
・ バターととき卵は常温に戻す。
・ Aは合わせてふるう。
・ サンド用クリームを作る。チョコレートを湯せんにかけてとかし、プラリネを加えてゴムべらで均一になるまで混ぜ、ある程度ねっとりとするまで常温におく。
・ 天板サイズの紙にガイドラインになる横線を4.2cm間隔で数本描いて（p.43の写真も参照）天板にのせ、その上にオーブンシートを敷く。
・ オーブンは160℃に予熱する（焼成時）。

作り方
1　ボウルにバターを入れ、やわらかめのポマード状になるまで木べらで練り混ぜる。

2　粉糖を2回に分けて加え、その都度最初は木べらでゆっくりと混ぜ、粉糖がなじんだら横長の楕円を描くようにして混ぜる。

3　とき卵を3回に分けて加え、その都度横長の楕円を描くようにして混ぜる。

4　バニラオイルを加え、3と同様にして混ぜる。

5　Aも2回に分けて加え、その都度下から上に返しながら切るようにして混ぜる。8割方混ざればOK。

6　最後はゴムべらにかえて、生地を下から上に返すようにして粉が見えなくなるまでしっかり混ぜる。

7　〈成形〉口金をつけた絞り出し袋に6を入れ、天板に絞り出す。オーブンシートの下の紙のラインに沿って約3cm間隔で4.2cm長さの棒状に絞る。

8　〈焼成・仕上げ〉紙を取り除き、160℃のオーブンで10分焼く。その後温度を150℃に下げて8分焼く。網にのせて冷ます。

9　8の半量の下面（オーブンシートに接していたほう）にサンド用クリームを薄くぬり、もう1枚でサンドする a.。5分ほど冷蔵庫で冷やし固める。

10　コーティング用チョコレートを湯せんにかけてとかし、9の先端に斜めにつける。

【道具】
丸口金（口径9mm）
絞り出し袋

保存
密閉容器に入れて常温（暑い時期は冷蔵庫）で約10日間保存可能（乾燥剤を入れる）。

a.

Langues de chat

ラング・ド・シャ

サクサクとして口の中でとけるような食感が特徴。

細長くて表面がざらざらとした質感から、「猫の舌」という意味の名前がつけられました。

本来は細長い楕円形に焼き上げますが、ここでは絞りやすい小さな丸形にします。

お好みでチョコレートをサンドしてもおいしいですよ。

材料　約75枚分
バター …… 30g
粉糖 …… 30g
卵白 …… 30g
薄力粉 …… 30g

準備
・バターと卵白は常温に戻し、卵白はときほぐす。
・薄力粉はふるう。
・天板にオーブンシートを敷く。
・オーブンは170℃に予熱する（焼成時）。

【道具】
丸口金（口径8mm）
絞り出し袋

作り方

1　ボウルにバターを入れ、やわらかめのポマード状になるまで木べらで練り混ぜる。

2　粉糖を2回に分けて加え、その都度最初は木べらでゆっくりと混ぜ、粉糖がなじんだら横長の楕円を描くようにして混ぜる。

3　卵白を4回に分けて加え、その都度泡立て器で大きな円を描くようにしてなじむまで混ぜる。途中3回目を混ぜ終わったところで粉の$\frac{1}{3}$量を加えて同様にして混ぜ、4回目の卵白を入れて混ぜる。

4　3に残りの粉を加えて木べらで下から上に返しながら切るようにして混ぜる。8割方混ざればOK。

5　最後はゴムべらにかえて、生地を下から上に返すようにして粉が見えなくなるまでしっかり混ぜる。

6　〈成形〉口金をつけた絞り出し袋に5を入れ、天板に直径1.8cmくらいのドーム状に絞る a.。

7　〈焼成〉170℃のオーブンで12〜14分焼く（周囲に焼き色がつき、中央がやや白い状態）。網にのせて冷ます。

保存
密閉容器に入れて常温で1週間〜10日間保存可能（乾燥剤を入れる）。

a.

さらさらバターで
作るサブレ

かたまりのバターと粉を手ですり混ぜて
さらさらにしたものを使います。
「サブレ」の由来の1つに
砂から派生した言葉というのがあります。
まさに砂のような状態をイメージして
さらさらバターにします。
最初はバターに粉をまぶす感じで混ぜ、
次に親指の腹でバターをつぶしながら混ぜ、
最後に手のひらですり合わせてさらさら状態にします。
バターに粉をまぶすことでグルテンの形成をおさえるため、
生地はねりねりバターよりもろくなります。
サクッホロッとした食感になり、
口どけのいいサブレです。

Sablés bretons
サブレ・ブルトン

フランス北西部ブルターニュ地方で親しまれているサブレ。
バターの生産量が多く、また塩の名産地ということもあり、
この地方では有塩バターを使用したお菓子も多く見られます。
サブレ・ブルトンもその1つ。バターの風味が豊かで、甘じょっぱいのが特徴です。
ここでは食塩不使用のバターに塩を多めに加えています。

Sablés bretons
サブレ・ブルトン

材料　約17枚分

バター …… 70 g

A ⎡ 薄力粉 …… 100 g
　⎣ B.P. …… 3 g

B ⎡ 粉糖 …… 60 g
　⎣ 塩 …… 1.2 g

C ⎡ とき卵 …… 20 g
　⎣ ラム酒 …… 2 g

作り方のポイント
・ 型で抜いて残った生地は重ねてひとまとめにし、最初の生地と同様に
　ラップでサンドしてめん棒でのばす。その後冷凍庫で20〜30分冷や
　してから型で抜く。
・ 作業の途中でバターがとけて生地がべたつき、作業がしにくくなった
　場合は、冷蔵庫で冷やしてから作業を続ける。
・ 焼成時2回に分けて焼く場合、2回目に焼く生地はオーブンシートに
　並べ、ラップをふんわりかけて冷蔵庫に入れておく。

準備

・ バターは5mm角にカットし（フードプロセッサーの場
　合は1cm角にカット）、冷蔵庫で1時間ほど冷やす。

・ Aは合わせてふるい、冷凍庫で1時間ほど冷やす
　（フードプロセッサーの場合は冷蔵庫で）。

・ BとCはそれぞれ合わせる。

・ 天板にオーブンシートを敷く。

・ オーブンは170℃に予熱する（焼成時）。

【ここで使った型】
直径6cmの丸型

作り方

1　ボウルにAとバターを入れ、バ
　ターに粉をまぶす。

2　親指の腹を使ってバターをつぶ
　しながら粉と合わせていく。

3　バターの粒がある程度小さくな
　ったら、手のひらで生地をすり
　合わせてさらに細かくする。全
　体が粗い砂のような状態になれ
　ばOK。

＊ フードプロセッサーを使う場合は、バ
　ターは1cm角にカットし、Aとともに
　撹拌する。

4　Bを加え、全体を混ぜ合わせる。

5　Cを回し入れ、4と同様にして混ぜ合わせる。

6　カードで生地をボウルに押しつけながらまとめる。

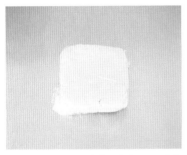

7　カードで2cm厚さくらいの正方形にまとめ、ラップに包んで、冷蔵庫で3時間〜一晩ねかす。

＊時間があれば一晩ねかす。素材どうしがよくなじむ。

8　〈成形・焼成〉冷蔵庫から出し、周囲1cmくらいをあけてラップをふんわりと包み直す。

＊ラップが密着していると、めん棒でたたいたときに破れるため。

9　生地をやわらかくするために、ラップの上からめん棒でたたく。その後めん棒を転がして1cm厚さくらいにのばし、ラップごとひっくり返して同様にのばす。

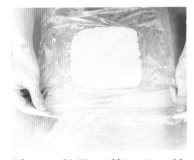

10　ラップを開いて新しいラップをのせ、生地をサンドする。

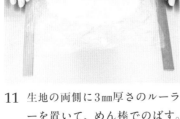
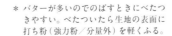

11　生地の両側に3mm厚さのルーラーを置いて、めん棒でのばす。ラップでサンドしたまま冷凍庫で20〜30分冷やす。

＊バターが多いのでのばすときにべたつきやすい。べたついたら生地の表面に打ち粉（強力粉／分量外）を軽くふる。

12　型で抜き、天板に並べる。170℃のオーブンで18〜20分焼く。焼き上がりがかなりやわらかいので、そのまま冷ましてから網にのせて冷ます。

保存

密閉容器に入れて常温で約1週間保存可能（乾燥剤を入れる）。

Mémo　成形後のサブレ生地はすべて1か月ほど冷凍保存できます。成形後、ラップをふんわりかけて冷凍庫で3時間ほど冷やし固め、乾燥しないようにラップで包んで冷凍用保存袋に入れます。

Sablés de Noël

クリスマスのサブレ（サブレ・ド・ノエル）

クリスマスシーズンをイメージしたサブレ。

3種類のスパイスをブレンドしてスパイシーな香りを生かしつつ、

辛くなりすぎないように、アーモンドでふくよかさを出しています。

小さな穴をあけて焼き、

ひもをつけてツリーのオーナメントにしても楽しいですよ。

材料

バター …… 63g

A
- 薄力粉 …… 105g
- B.P. …… 0.6g
- シナモンパウダー …… 3g
- ジンジャーパウダー …… 1g
- ナツメグパウダー …… 0.5g

B
- 粉糖 …… 55g
- 塩 …… 0.4g
- アーモンドパウダー …… 30g

とき卵 …… 23g

準備

- バターは5mm角にカットし（フードプロセッサーの場合は1cm角にカット）、冷蔵庫で1時間ほど冷やす。
- Aは合わせてふるい、冷凍庫で1時間ほど冷やす（フードプロセッサーの場合は冷蔵庫で）。
- Bは合わせる。
- 天板にオーブンシートを敷く。
- オーブンは170℃に予熱する（焼成時）。

作り方

1　ボウルにAとバターを入れ、バターに粉をまぶす。

2　親指の腹を使ってバターをつぶしながら粉と合わせていく。

3　バターの粒がある程度小さくなったら、手のひらで生地をすり合わせてさらに細かくする。全体が粗い砂のような状態になればOK。

4　Bを加え、全体を混ぜ合わせる。

5　とき卵を回し入れ、4と同様にして混ぜ合わせる。

6　カードで生地をボウルに押しつけながらまとめる。

7　カードで2cm厚さくらいの正方形にまとめ、ラップに包んで、冷蔵庫で3時間〜一晩ねかす。

8　〈成形・焼成〉冷蔵庫から出し、周囲1cmくらいをあけてラップをふんわりと包み直す。

9　生地をやわらかくするために、ラップの上からめん棒でたたく。その後めん棒を転がして1cm厚さくらいにのばし、ラップごとひっくり返して同様にのばす。

10　ラップを開いて新しいラップをのせ、生地をサンドする。

11　生地の両側に3mm厚さのルーラーを置いて、めん棒でのばす。ラップでサンドしたまま冷凍庫で20〜30分冷やす。

12　型で抜き、天板に並べる。170℃のオーブンで16〜19分焼く。網にのせて冷ます。

【ここで使った型】

ツリー型（大）：7×6cm

ツリー型（中）：6×4.2cm

ツリー型（小）：4.6×4.2cm

星型：直径4.5cm

保存

密閉容器に入れて常温で約1週間保存可能（乾燥剤を入れる）。

Sablés linzer
サブレ・リンツァー

ウィーン菓子で人気のリンツァー・トルテは、
スパイスとナッツ入りの生地に赤いジャム（赤すぐりやラズベリー）を組み合わせたもの。
その組み合わせをサブレに応用。
シナモン風味の軽い生地に甘酸っぱいラズベリージャムをサンドしました。
スパイスとベリーのエキゾチックな味わいを楽しみましょう。

材料　約30個分

バター …… 75g

A ┌ 薄力粉 …… 75g
　└ シナモンパウダー …… 4.5g

B ┌ 粉糖 …… 56g
　└ 塩 …… 0.3g

C ┌ アーモンドパウダー …… 60g
　└ ヘーゼルナッツパウダー …… 15g

とき卵 …… 18g

ラズベリージャム …… 約100g

準備

・バターは5mm角にカットし（フードプロセッサーの場合は1cm角にカット）、冷蔵庫で1時間ほど冷やす。

・Aは合わせてふるい、冷凍庫で1時間ほど冷やす（フードプロセッサーの場合は冷蔵庫で）。

・Bは合わせ、Cは合わせて粗めのざるでふるう。さらにBとCを合わせ、冷蔵庫で1時間ほど冷やす。

・天板にオーブンシートを敷く。

・オーブンは170℃に予熱する（焼成時）。

【ここで使った型】
3.7cm角のスクエア型
ほかに口径9mmの丸口金（穴あけ用）

作り方

1　ボウルにAとバターを入れ、バターに粉をまぶす。

2　親指の腹を使ってバターをつぶしながら粉と合わせていく。

3　バターの粒がある程度小さくなったら、手のひらで生地をすり合わせてさらに細かくする。全体が粗い砂のような状態になればOK。

4　合わせたBとCを加え、全体を混ぜ合わせる。

5　とき卵を回し入れ、4と同様にして混ぜ合わせる。

6　カードで生地をボウルに押しつけながらまとめる。

7　カードで2cm厚さくらいの正方形にまとめ、ラップに包んで、冷蔵庫で3時間〜一晩ねかす。

8　〈成形〉冷蔵庫から出し、周囲1cmくらいをあけてラップをふんわりと包み直す。

9　生地をやわらかくするために、ラップの上からめん棒でたたく。その後めん棒を転がして1cm厚さくらいにのばし、ラップごとひっくり返して同様にのばす。

10　ラップを開いて新しいラップをのせ、生地をサンドする。

11　生地の両側に2mm厚さのルーラーを置いて、めん棒でのばす。ラップでサンドしたまま冷凍庫で20〜30分冷やす。

12　型で抜く。抜いた半量に口金で1〜3か所抜き、天板に並べる。

13　〈焼成・仕上げ〉170℃のオーブンで13〜15分焼く。網にのせて冷ます。

14　小鍋にラズベリージャムと水10g（分量外）を入れて弱火にかける。冷水に落としてみて、ジャムのかたまりがそのまま残るくらいまで煮つめる（p.21参照）。

15　13の穴のあいていないほうに14をスプーンでのせ、穴のあいているほうでサンドする。

保存

密閉容器に入れ、常温で5日間程度保存可能（乾燥剤を入れる）。ジャムの水分でサブレがしけやすいので、なるべく早く食べるといい。

Romias
ロミアス

サルタン口金で絞り出すのがロミアスの特徴です。

この口金は高価で絞り方が難しいため、菊型で抜いて手軽に作れるように工夫しました。

中央にフィリングを入れて焼くと、サブレとキャラメル風味のアーモンドの組み合わせで、

軽めのフロランタンのような味に仕上がります。

材料　約28枚分

バター …… 66g

薄力粉 …… 95g

A ┌ 粉糖 …… 35g
　│ 塩 …… 0.6g
　└ アーモンドパウダー …… 13g

とき卵 …… 20g

フィリング

バター …… 15g

グラニュー糖 …… 15g

はちみつ …… 15g

アーモンドダイス …… 22g

準備

・バターは5mm角にカットし（フードプロセッサーの場合は1cm角にカット）、冷蔵庫で1時間ほど冷やす。

・薄力粉はふるい、冷凍庫で1時間ほど冷やす（フードプロセッサーの場合は冷蔵庫で）。

・Aは合わせる。

・フィリングを作る。小鍋にバター、グラニュー糖、はちみつを入れて弱火にかけ、混ぜながら加熱する。沸騰したら火を止めてアーモンドダイスを加え、容器に移して冷ます。

・天板にオーブンシートを敷く。

・オーブンは170℃に予熱する（焼成時）。

【ここで使った型】

直径4.5cmの菊型

ほかに口径11mmの丸口金（穴あけ用）

保存

中央のフィリングがしけやすいので、冷めたらすぐに密閉容器に入れる。常温で約1週間保存可能（乾燥剤を入れる）。

作り方

1　ボウルに粉とバターを入れ、バターに粉をまぶす。

2　親指の腹を使ってバターをつぶしながら粉と合わせていく。

3　バターの粒がある程度小さくなったら、手のひらで生地をすり合わせてさらに細かくする。全体が粗い砂のような状態になればOK。

4　Aを加え、全体を混ぜ合わせる。

5　とき卵を回し入れ、4と同様にして混ぜ合わせる。

6　カードで生地をボウルに押しつけながらまとめる。

7　カードで2cm厚さくらいの正方形にまとめ、ラップに包んで、冷蔵庫で3時間～一晩ねかす。

8　〈成形〉冷蔵庫から出し、周囲1cmくらいをあけてラップをふんわりと包み直す。

9　生地をやわらかくするために、ラップの上からめん棒でたたく。その後めん棒を転がして1cm厚さくらいにのばし、ラップごとひっくり返して同様にのばす。

10　ラップを開いて新しいラップをのせ、生地をサンドする。

11　生地の両側に4mm厚さのルーラーを置いて、めん棒でのばす。ラップでサンドしたまま冷凍庫で20～30分冷やす。

12　型で抜き、口金の大きいほうの口で中央を抜く。

13　天板に並べ、抜いた部分にスプーンなどでフィリングを入れる a.。

14　〈焼成・仕上げ〉170℃のオーブンで16～18分焼く（中央はキャラメル色、まわりはこんがりと焼き色がつくくらい）。粗熱が取れたら網にのせて冷ます。

a.

Sablés au chocolat et caramel salé

チョコレートと塩キャラメルのサブレ
（サブレ・オ・ショコラ・エ・キャラメル・サレ）

ココア風味のサブレに、塩味がきいたやわらかいキャラメルをサンド。
塩はうまみのあるゲランドの塩を使いましょう。
チョコレート、塩、キャラメルがそれぞれの味を引き立てます。
濃厚な味わいなので秋冬におすすめ。

材料　約18個分

バター …… 45g

A
├ 薄力粉 …… 66g
├ ココアパウダー …… 8g
└ B.P. …… 0.4g

B
├ 粉糖 …… 40g
├ 塩 …… 0.2g
└ アーモンドパウダー …… 20g

とき卵 …… 16g

キャラメル　作りやすい分量（作り方は下記参照）

生クリーム（乳脂肪分36%）…… 80g
グラニュー糖 …… 100g

ゲランドの塩（結晶塩）…… 適量
コーティング用チョコレート（ビター）
　　…… 適量
カカオニブ …… 適量

準備

・バターは5mm角にカットし（フードプロセッサーの場合は1cm角にカット）、冷蔵庫で1時間ほど冷やす。

・Aは合わせてふるい、冷凍庫で1時間ほど冷やす（フードプロセッサーの場合は冷蔵庫で）。

・Bは合わせる。

・天板にオーブンシートを敷く。

・オーブンは160℃に予熱する（焼成時）。

キャラメルの作り方

1　生クリームは耐熱容器に入れてラップをし、600Wの電子レンジで約1分加熱する（約80℃）。

2　小鍋にグラニュー糖の半量を入れて弱火にかける。鍋をゆすりながら砂糖を溶かし、注意しながら加熱して濃いキャラメル色になったら火を止める。

3　1の生クリームを3回に分けて加え、その都度ゴムべらでよく混ぜる（吹き出すので注意！）。最後に残り半量のグラニュー糖を加えて混ぜ溶かす。

4　再び弱火にかけ、ゴムべらで混ぜながら114〜115℃まで加熱する。火から下ろしてオーブンシートを敷いたバットに流し、常温で冷ます。

作り方

1　ボウルにAとバターを入れ、バターに粉をまぶす。

2　親指の腹を使ってバターをつぶしながら粉と合わせていく。

3　バターの粒がある程度小さくなったら、手のひらで生地をすり合わせてさらに細かくする。全体が粗い砂のような状態になればOK。

4　Bを加え、全体を混ぜ合わせる。

5　とき卵を回し入れ、4と同様にして混ぜ合わせる。

6　カードで生地をボウルに押しつけながらまとめる。

7　カードで2cm厚さくらいの正方形にまとめ、ラップに包んで、冷蔵庫で3時間〜一晩ねかす。

8　〈成形〉冷蔵庫から出し、周囲1cmくらいをあけてラップをふんわりと包み直す。

9　生地をやわらかくするために、ラップの上からめん棒でたたく。その後めん棒を転がして1cm厚さくらいにのばし、ラップごとひっくり返して同様にのばす。

10　ラップを開いて新しいラップをのせ、生地をサンドする。

11　生地の両側に3mm厚さのルーラーを置いて、めん棒でのばす。ラップでサンドしたまま冷凍庫で20〜30分冷やす。

12　型で抜き、天板に並べる。

13　〈焼成・仕上げ〉160℃のオーブンで18〜20分焼く。網にのせて冷ます。

14　キャラメルをカードで約5gずつにカットし、手で丸めて13の半量にのせる a.。結晶塩をふって b. もう1枚のサブレでサンドし、上からやさしく押さえてキャラメルを全体に広げる。

＊キャラメルがやわらかくて扱いにくい場合は、30分程度冷蔵庫に入れてから行なう。

15　コーティング用チョコレートを湯せんにかけてとかし、14を斜めにつけてオーブンシートにのせ、すぐにカカオニブを飾る。チョコレートが固まったらでき上がり。

【ここで使った型】
直径3.8cmの丸型

保存

密閉容器に入れて常温で（暑い時期は冷蔵庫で）約1週間保存可能（乾燥剤を入れる）。

Bâtonnets de fromage
チーズスティックサブレ（バトネ・ド・フロマージュ）

エダムチーズをたっぷり入れた塩味のサブレ。

軽い食感にチーズの塩気が心地よく、黒こしょうの辛みがピリッときいています。

ビールや白ワインとの相性も抜群！

スティック状にカットして食べやすくしました。

焼きたてよりも翌日以降のほうがチーズの味をしっかりと感じられます。

材料　40本分

バター …… 80g

薄力粉 …… 133g

A
- 微粒子グラニュー糖 …… 25g
- 塩 …… 1g
- エダムチーズパウダー …… 47g
- 粗びき黒こしょう …… 1.6g

とき卵 …… 27g

ぬり卵

とき卵 …… 適量

準備

- バターは5mm角にカットし（フードプロセッサーの場合は1cm角にカット）、冷蔵庫で1時間ほど冷やす。
- 薄力粉はふるい、冷凍庫で1時間ほど冷やす（フードプロセッサーの場合は冷蔵庫で）。
- Aは合わせる。
- 天板にオーブンシートを敷く。
- オーブンは170℃に予熱する（焼成時）。

作り方

1　ボウルに粉とバターを入れ、バターに粉をまぶす。

2　親指の腹を使ってバターをつぶしながら粉と合わせていく。

3　バターの粒がある程度小さくなったら、手のひらで生地をすり合わせてさらに細かくする。全体が粗い砂のような状態になればOK。

4　Aを加え、全体を混ぜ合わせる。

5　とき卵を回し入れ、4と同様にして混ぜ合わせる。

6　カードで生地をボウルに押しつけながらまとめる。

7　カードで2cm厚さくらいの正方形にまとめ、ラップに包んで、冷蔵庫で3時間〜一晩ねかす。

8　〈成形〉冷蔵庫から出し、周囲1cmくらいをあけてラップをふんわりと包み直す。

9　生地をやわらかくするために、ラップの上からめん棒でたたく。その後めん棒を転がして1cm厚さくらいにのばし、ラップごとひっくり返して同様にのばす。

10　ラップを開いて新しいラップをのせ、生地をサンドする。

11　生地の両側に7mm厚さのルーラーを置いて、めん棒で長方形（約17×21cm）にのばす。ラップでサンドしたまま冷凍庫で15〜30分冷やす。

12　〈焼成〉包丁で8×1cmにカットし *a*.、天板に並べる。最後に刷毛でぬり卵をぬり、170℃のオーブンで15〜18分焼く。網にのせて冷ます。

保存

密閉容器に入れて常温で約1週間保存可能（乾燥剤を入れる）。

a.

とろとろバターで
作るサブレ

バターを湯せんにかけてとかし、
40℃のとかしバターとして使います。
固体ではなく液体なので、
バター内の空気はすべて抜けています。
粉と混ぜると粉にしみ込んでしまい、
空気を取り込むことができません。
だからガリッザクッとしたかたい食感になるのです。
そば粉や黒糖などの素朴な素材や香ばしいナッツが
このサブレにはよく合います。
最初は液体なので泡立て器で混ぜ、
粉を加えたらゴムべらで混ぜ、
最後はカードでボウルに生地を押しつけながらまとめます。
3つの道具を上手に使い分けましょう。

Sablés au sarrasin
そば粉のサブレ（サブレ・オ・サラザン）

カリッとした食感とそば粉特有の風味が口の中に広がって、
懐かしさを感じるサブレです。
そばというと和のイメージですが、
フランスのブルターニュ地方でもそばの栽培が盛んで、
そば粉のサブレに出会うこともあります。

Sablés au sarrasin
そば粉のサブレ（サブレ・オ・サラザン）

材料　約20枚分

きび砂糖 …… 54g

A ┌ そば粉 …… 90g
　│ 薄力粉 …… 52g
　└ B.P. …… 2.4g

とき卵 …… 45g

バター …… 54g

グラニュー糖 …… 適量

作り方のポイント

・型で抜いて残った生地は重ねてひとまとめにし、最初の生地と同様にラップでサンドしてめん棒でのばす。その後冷凍庫で20〜30分冷やしてから型で抜く。

・作業の途中で生地がべたつき、作業がしにくくなった場合は、冷蔵庫で冷やしてから作業を続ける。

・作業の途中でゴムべらに生地がくっついて作業がしにくいときは、カードではがしながら行なう。

・焼成時2回に分けて焼く場合、2回目に焼く生地はオーブンシートに並べ、ラップをふんわりかけて冷蔵庫に入れておく。

準備

・Aは合わせてふるう。

・とき卵は常温に戻す。

・バターは湯せんにかけてとかす（約40℃のとかしバター）。

・天板にオーブンシートを敷く。

・オーブンは170℃に予熱する（焼成時）。

【ここで使った型】
直径4.8cmの丸型
ほかに口径9mmの丸口金（穴あけ用）

作り方

1 ボウルにきび砂糖とAを入れ、ゴムべらでよく混ぜ合わせる。

2 別のボウルにとき卵を入れ、とかしバターを垂らしながら少しずつ加え、その都度泡立て器でぐるぐる円を描くようにして混ぜる。

3 1に2を2回に分けて回し入れ、その都度ゴムべらで下から上に返しながら切るようにして混ぜる。

4　最後はカードにかえて、ボウルに生地を押しつけながら粉が見えなくなるまでしっかり混ぜる。

5　カードで2cm厚さくらいの正方形にまとめ、ラップに包んで、冷蔵庫で2〜3時間ねかす。

6　〈成形・焼成〉冷蔵庫から出し、周囲1cmくらいをあけてラップをふんわりと包み直す。
＊ラップが密着していると、めん棒でたたいたときに破れるため。

7　生地をやわらかくするために、ラップの上からめん棒でたたく。その後めん棒を転がして1cm厚さくらいにのばし、ラップごとひっくり返して同様にのばす。

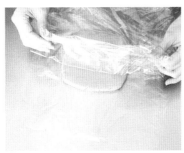

8　ラップを開いて新しいラップをのせ、生地をサンドする。

9　生地の両側に5mm厚さのルーラーを置いて、めん棒でのばす。ラップでサンドしたまま冷凍庫で20〜30分冷やす。
＊冷蔵庫より冷凍庫のほうが早く冷えてかたくなる。

10　型で抜き、天板に並べる。

11　中央を口金の大きいほうの口で抜いてリング状にする。

12　容器にグラニュー糖を入れ、11を裏返して表面につけ、天板に戻す。170℃のオーブンで18〜20分焼く。網にのせて冷ます。

保存
密閉容器に入れて常温で約2週間保存可能（乾燥剤を入れる）。

Mémo　成形後のサブレ生地はすべて1か月ほど冷凍保存できます。成形後、ラップをふんわりかけて冷蔵庫で3時間ほど冷やし固め、乾燥しないようにラップで包んで冷凍用保存袋に入れます。

Sablés au kokutou et gingembre
黒糖としょうがのサブレ
（サブレ・オ・コクトウ・エ・ジャンジャンブル）

子供のころ住んでいた奄美大島で食べていた、
しょうが入りの黒糖をイメージしたサブレ。
生のしょうがをすりおろして加えるので、後味がピリッと辛いのが特徴。
手で丸めるだけなので気軽に作れます。
黒糖は粉末状のものを使用すると生地になじみやすく、作業がスムーズにできます。

材料　25枚分

黒糖（粉末）…… 50 g

A ┌ 薄力粉 …… 60 g
　 └ B.P. …… 1.5 g

とき卵 …… 12 g

バター …… 24 g

しょうが（すりおろす）…… 10 g

準備

・ Aは合わせてふるう。

・ とき卵は常温に戻す。

・ バターは湯せんにかけてとかす（約40℃のと
　 かしバター）。

・ 天板にオーブンシートを敷く。

・ オーブンは170℃に予熱する（焼成時）。

作り方

1　ボウルに黒糖とAを入れ、ゴムべらでよく混ぜ合わせる。

2　別のボウルにとき卵を入れ、とかしバターを垂らしながら
　　少しずつ加え、その都度泡立て器でぐるぐる円を描くよう
　　にして混ぜる。最後にしょうがも加えて混ぜる。

3　1に2を2回に分けて回し入れ、その都度ゴムべらで下か
　　ら上に返しながら切るようにして混ぜる。

4　最後はカードにかえて、ボウルに生地を押しつけながら粉
　　が見えなくなるまでしっかり混ぜる。

5　カードで2cm厚さくらいの正方形にまとめ、ラップに包ん
　　で、冷蔵庫で2〜3時間ねかす。

6　〈成形〉冷蔵庫から出し、カードで6gずつに分割する。

7　それぞれ手で丸めて天板に並べ、最後に手のつけ根でおさ
　　える*a.*。
　　＊ べたつきやすいので、手と生地に打ち粉（分量外）をする。

8　〈焼成〉170℃のオーブンで18分ほど焼く。網にのせて冷ます。

保存

密閉容器に入れて常温で約10日間
保存可能（乾燥剤を入れる）。

Sablés aux épices aux raisins et noix

くるみとレーズンのスパイスサブレ
（サブレ・オ・ゼピス・オ・レザン・エ・ノワ）

見た目はごつごつした素朴な趣ですが、

ザクザクッとした食感とほんのり香るシナモンの風味がたまらないサブレです。

くるみとレーズン入りの生地をスプーンで落として形作るのでとっても簡単。

くるみはあらかじめローストしておくと香ばしさが引き立ちます。

材料　約18個分

きび砂糖 …… 30g

アーモンドパウダー …… 12g

A ┌ 薄力粉 …… 30g
　│ B.P. …… 1g
　└ シナモンパウダー …… 1.8g

とき卵 …… 15g

バター …… 30g

くるみ …… 50g

ドライレーズン（半分に切る）…… 30g分

準備

・Aは合わせてふるう。

・とき卵は常温に戻す。

・バターは湯せんにかけてとかす（約40℃のとかしバター）。

・くるみは170℃のオーブンで7分ほど軽くローストし、7㎜角にカットする。

・天板にオーブンシートを敷く。

・オーブンは170℃に予熱する（焼成時）。

作り方

1　ボウルにきび砂糖、アーモンドパウダー、Aを入れ、ゴムべらでよく混ぜ合わせる。

2　別のボウルにとき卵を入れ、とかしバターを垂らしながら少しずつ加え、その都度泡立て器でぐるぐる円を描くようにして混ぜる。

3　1に2を2回に分けて回し入れ、その都度ゴムべらで下から上に返しながら切るようにして混ぜる。

4　8割方混ざったら、くるみとレーズンを加えて*a.*、粉が見えなくなるまでしっかり混ぜる。

5　ボウルにラップをして、冷蔵庫で1～2時間ねかす。

6　〈成形・焼成〉ティースプーンで生地を10～11gずつすくって天板に置き、手で山高に形をととのえる*b.*。

7　170℃のオーブンで18～20分ほど焼く。網にのせて冷ます。

保存

密閉容器に入れて常温で約1週間保存可能（乾燥剤を入れる）。

a.

b.

Tuiles aux amandes
アーモンドのチュイール
（チュイール・オ・ザマンド）

チュイールは「かわら」という意味のフランス語で、

カーブした形がフランスのかわらに似ていることから名づけられました。

バターの芳醇な香りとアーモンドの香ばしさを強く感じるフランス菓子らしい味わい。

まわりは濃い焼き色をつけ、

中央は白っぽさを少し残す程度に焼くのがコツです。

材料　約12枚分
とき卵 …… 24g
卵白 …… 12g
グラニュー糖 …… 50g
バニラオイル …… 1滴
薄力粉 …… 12g
バター …… 18g
アーモンドスライス …… 50g

準備
・とき卵と卵白は常温に戻す。
・薄力粉はふるう。
・バターは湯せんにかけてとかす（約40℃のとかしバター）。
・天板にオーブンシートを敷く。
・オーブンは170℃に予熱する（焼成時）。

作り方

1　ボウルにとき卵、卵白、グラニュー糖を入れ、泡立て器でぐるぐる円を描くようにして混ぜる。

2　バニラオイルを加え、1と同様にして混ぜる。

3　粉を加え、1と同様にして混ぜる。

4　とかしバターを加え、1と同様にして混ぜる。

5　アーモンドスライスを加え、ゴムべらにかえてよく混ぜる。

6　ボウルにラップをして、冷蔵庫で3時間〜一晩ねかす。

7　〈成形・焼成・仕上げ〉冷蔵庫から出し、テーブルスプーンで生地を約13gずつすくって天板に落とし、直径6cmの円形にする。この際、生地が広がるので間隔を広めにあける。

8　170℃のオーブンで12〜15分焼く。

9　焼き色がついたものから順にオーブンから出し、すぐにパレットナイフなどでめん棒の上にのせる*a.*。冷めてカーブが固定されればでき上がり。

保存
密閉容器に入れて常温で約1週間保存可能（乾燥剤を入れる）。

a.

作ったサブレをぎっしり詰めて手みやげに！

サブレは日もちするものも多いので、数種類作って箱や缶、クリアケースなどに詰めてみましょう。
まるでお店で買ってきたような一品に仕上がり、立派な手みやげになります。
サブレの種類はお好みですが、なるべく隙間ができないように詰めていくのがポイント。
パズルをするような感覚でやってみましょう。
ここでご紹介するのはほんの一例です。
自分の持っている容器に合わせて詰めてください。乾燥剤も忘れずに！

1〜2種類を詰める

ここで使った容器

A. 直径7×高さ7cmのクリアケース。
B. 20×4.5×高さ3cmの紙箱。
C. 8.5×8.5×高さ2.5cmのクリアケース。
D. 13×8.5×高さ5cmのクリアケース。

詰め方のポイント

AとBは1種類だけなのでぴったりと合うサイズの容器に。
Cは同じくらいのサイズで丸形と四角形の組み合わせ。
同じものを対角線上に配置する。
Dはよく似た大小のサブレを楕円形のケースに。
表面のラインが動きのある模様になる。

Un assortiment de sablés

いろいろな種類を詰める

A.

B.

C.

D.

ここで使った容器

A. 直径17×高さ6.5㎝の缶（グラシンケース入り）。
B. 8×8×高さ4㎝のクリアケース。
C. 12.5×12.5×高さ3㎝の缶。
D. 13×13×高さ4㎝の紙箱。

詰め方のポイント

Aは色や形が違うものを隣り合わせにして詰めていくのがポイント。
丸型の容器は縁に沿って1周詰めたあと、中心を埋める。
それぞれグラシンケースに入れて詰めると見やすく取り出しやすい。
BとCは手前から奥に向かって詰めるが、最初にサイズの大きいものを配置し、
できた隙間をサイズの小さいもので埋める。Dはラフな感じに詰め、メッセージカードを添える。

基本の材料

おいしいサブレを作るためには、
食感や風味、コクなどの決め手になる材料がとても大切です。
最適な材料をそろえて、きちんと計量しましょう。

バター

すべて食塩不使用のものを使用。普通のバターでもおいしく仕上がるが、発酵バターを使用すると、うまみと風味がいっそう増す。本書ではすべて発酵バターを使用。冷蔵保存で賞味期限内で使いきる。使い切れない場合は、ラップやアルミホイルで包み、冷凍庫で約2か月保存可能。

粉類

アーモンドパウダー
薄力粉にない油脂分やうまみがあるので、少量入れるだけでコクと風味が出る。グルテンがないので、薄力粉の一部を置き換えるとサクサクッとした食感がアップする。

薄力粉
サブレにはグルテンの少ない薄力粉を使用する。一般的な薄力粉でいいが、フランス産の小麦を原料とした「エクリチュール」を使用すると、サクサクとした食感が増す。開封後は密閉容器に入れて、2か月くらいで使い切るようにする。

ベーキングパウダー
パレ・ブルトン（p.14）などのようにバターや水分の配合が多い生地に少量加えると、焼成時に炭酸ガスを発生させて生地が軽くなる。アルミニウムフリーのものを使用。開封後は密閉容器に入れて、2か月くらいで使い切るようにする。

砂糖・塩

粉糖
グラニュー糖を粉砕して粉末状にしたもの。粒子が細かいので材料に素早くなじむ。サブレに使用すると、サクサクッとした軽い食感に仕上がる。本書では粉末水あめ入りのものを使用。オリゴ糖入りやコーンスターチ入りのものでもよい。純粉糖を使う場合はダマになりやすいので、ふるってから使う。

きび砂糖
精製度の低い茶色の砂糖でコクのあるやさしい味わい。ナッツやドライフルーツ、スパイスなどと相性がいい。滋味深い味に仕上げたいときに使うと効果的。

塩
本書で使ったものはすべてフランス北西部ブルターニュ地方の「ゲランド塩（顆粒）」。しょっぱさだけではなく、うまみが強い。食材のおいしさも引き出してくれる。

卵・ラム酒

卵
つなぎの役割やおいしそうな焼き色をつける役割がある。本書ではすべてMサイズのものを使用。とき卵は全卵をよくときほぐしたものを計量する。

ラム酒
サブレなどの焼き菓子の香りづけには、濃厚で芳醇な香りを持つダーク・ラムがおすすめ。本書ではジャマイカ産の「マイヤーズ・ラム（オリジナルダーク）」を使用。

道具

ふだん使い慣れているものが一番ですが、
サブレ作りにはコレという道具もあります。
作業をスムーズに進めるために、ぜひそろえておきましょう。

混ぜる

ボウル
大小2種類あると便利。生地を混ぜるときは直径18cmの大のほう、コーティングチョコレートを湯せんにかけてとかすなどの場合には直径13cmの小のほう。熱伝導のいいステンレス製がおすすめ。

木べら・ゴムべら・泡立て器・カード
木べらはバターをかためのポマード状にしたり粉の多い生地を混ぜるときに、木べら、ゴムべらはやわらかめの生地を混ぜるときに、カードは最後に生地をまとめるときに使う。泡立て器はバターに卵や牛乳を加えて乳化させるときに使う。

のばす・抜く・絞る

ルーラー
生地をのばすときに使う。生地の両サイドに置いてめん棒でのばすと均一の厚みになる。生地の厚みに合わせて何種類かそろえておくと便利。専用のものは製菓材料店で購入可。本書ではホームセンターの端材を活用し、2mm、3mm、4mm、1cmのルーラーを単体もしくは組み合わせて使用。

ラップ
生地をのばすときは伸縮性の高いポリ塩化ビニル製などが破れにくいのでおすすめ。生地を保存する場合は、酸素を通しにくいポリ塩化ビニリデン製のものが乾燥を防ぐ。

口金
絞り出し袋につけるためのものだが、本書では抜き型としても活用する。口金の小さいほうの口（口径○mmとなっているほう）と大きいほうの口の両方を使う。

ほかに、のし板、めん棒（45cmくらいが使いやすい）、絞り出し袋、抜き型いろいろ。

焼く

オーブンシート
何度も洗って使えるタイプがおすすめ。黒いほうは網目状になっていて、余分な水分や油脂分が抜けやすい（フランス製の「シルパン」）。ベージュのほうは表面にテフロン加工がしてあるので汚れが落としやすい。

網（ケーキクーラー）
焼き上がったサブレを冷ますときに使う。

その他

はかり
0.1gまではかれるデジタル表示のものを使う。サブレ作りではレシピどおりの計量をすることが大切。細かい分量になっているが、きちんとはかる。

温度計
デジタル表示されるタイプが便利。フロランタンのヌガー（p.36）やキャラメル（p.62）を煮つめるときに使う。煮つめ方によってかたさや口どけが変わってくるので、きちんとはかることが大切。

ほかに刷毛、スプーン、茶こし。

下園昌江 Masae Shimozono

お菓子研究家。1974年鹿児島県生まれ。筑波大学卒業後、日本菓子専門学校で製菓の技術と理論を2年間学ぶ。その後パティスリーで約6年間修業。2001年からスイーツのポータルサイトSweet Cafeを立ち上げ、幅広い視点でスイーツの情報を発信する。お菓子の食べ歩き歴は25年。国内外のさまざまなお菓子を見て食べる中で、フランスの素朴な地方菓子や伝統的なお菓子の魅力にひかれるようになり、そのおいしさを伝えたいと2007年、自宅で菓子教室を開く。著書(深野ちひろさんと共著)に『フランスの素朴な地方菓子〜長く愛されてきたお菓子118のストーリー』(マイナビ出版)、『アーモンドだから、おいしい』『4つの製法で作る 幸せのパウンドケーキ』(共に文化出版局)がある。

HP http://www.sweet-cafe.jp/
Blog http://douce.cocolog-nifty.com/blog/
instagram @masaeshimozono

アートディレクション・ブックデザイン 小橋太郎 (Yep)

撮影 宮濱祐美子

スタイリング・コーディネート 曲田有子

校閲 山脇節子

編集 小橋美津子 (Yep)、田中 薫 (文化出版局)

おいしいサブレの秘密

2020年6月15日 第1刷発行
2023年1月12日 第4刷発行

著 者 下園昌江
発行者 清木孝悦
発行所 学校法人文化学園 文化出版局
　　　　〒151-8524 東京都渋谷区代々木3-22-1
　　　　電話 03-3299-2485 (編集)
　　　　　　　03-3299-2540 (営業)
印刷・製本所 株式会社文化カラー印刷

文化出版局のホームページ　https://books.bunka.ac.jp/

[撮影協力]

TOMIZ (富澤商店)
オンラインショップ:
https://tomiz.com/
商品のお問い合わせ先:電話 042-776-6488

森永乳業株式会社

UTUWA
〒151-0051
渋谷区千駄ヶ谷3-50-11 明星ビル1F
電話 03-6447-0070